本书得到广西师范大学公共管理学科建设经费资助

Social Mobilization Mechanism
of Classical Reading

经典诵读的
社会动员机制

石大建 / 著

社会科学文献出版社
SOCIAL SCIENCES ACADEMIC PRESS (CHINA)

序　文化经典诵读的"资源"问题

国学、儒学与传统文化复兴早已成为当代中国一个重要话题。在此主题之下，国学、儒学与传统文化复兴如何体现，早已成为人们关注、热议的重要话题之一。诸如各种国学班、读经班、女德班，众说纷纭，各执一端，即便是春节期间也无法安静下来。事件的原委是歌手孙楠一家为送孩子学国学，从北京搬到江苏徐州。孙楠为孩子选择的是一家主打国学教育和传统文化的学校——"华夏学宫"。视频资料显示，孙楠的几个孩子能熟练背诵《弟子规》，孙楠的妻子潘蔚还会在家教女儿们女红，为的是让她们"用针线传递爱"。潘蔚也在视频中强调自己是为了追求内心的平静而倾心于国学。她个人也在这所学校担任女红、茶文化老师。

近年来，歌手孙楠从一个大众明星突然转变成为一个"国学文化推广者"。2018 年 7 月 19 日，他自创的国学文化品牌"楠氏物语"的首家体验馆落户上海，在外滩 22 号亮相。10 月，"楠氏物语"在杭州首次公布。但随着媒体曝光，孙楠一家所选学校"华夏学宫"也被层层"扒皮"——不仅不具学历、教育资质，还被称教授"伪国学"。

本来，国学教育以弘扬传统文化为宗旨，意料之外的是国学教育却成为近两年备受争议的话题。"黑私塾"缺乏教育资质，大都无办学许可，只有初中学历的"女德教母"，打着国学的幌子拼命敛财，一些显然与现代精神不符的中世纪观念仍广为传播……至于与国学教育绑定的"女德班"，更是常常被爆出耸人听闻的内容。以东莞蒙正"女德班"为例，其将"德行"解释为姑娘道、媳妇道、老太太道等，主张"每道都有女人要守的本分"，只有如此才能拥有健康和财富云云。

就是在此令人困惑的社会现象之中，石大建的专著《经典诵读的社会动员机制》问世，从文化社会学的视角讨论此类问题，实在是契理契机。

石大建是我在上海大学时指导的博士研究生，他读书和做人都很实在，对社会学研究得很深入具体。他对传统文化在当代复兴方式的研究乃从资源动员理论入手，把传统文化复兴所亟须的文化资源梳理为不同的资源动员方式，进而以资源动员、成员动员和框架动员三个维度为分析框架，对当代中华文化经典诵读活动在基层社会兴起这一社会现象做出了独到的研究。

在这些被基层社会激活或使用的文化资源之中，首先是物质资源，包括资金、时间和活动场所等，可为当代中华文化经典诵读活动在基层社会的兴起和发展奠定必需的物质基础。其次是基层社会组织及其精英发动了大量的参与者和支持者，可谓成员资源，为当代中华文化经典诵读活动在基层社会的兴起和发展提供成员条件。最后是话语资源，那些基层社会组织借助"复兴中华传统文化"的价值诉求话语，建构"君子务本"、"公益活动"和"振兴民族文化"等集体行动框架，强化其动员效果，为当代中华文化经典诵读活动在基层社会的兴起和发展准备了符号基础。正是这些可供基层社会组织支配的资源总量——包括物质资源、成员资源和话语资源，它们的提供和强化，在基层社会的行动层面直接促进了当代中华文化经典诵读活动的兴起和发展。

就其背景与基础而言，中国强起来，中国文化的当代复兴必然要重新理解、认识、传播中华文化经典，这种对于文化经典的诵读活动，也是一种通过有声阅读行为复兴传统文化经典的社会行动之一。

然而，文化经典诵读活动对于任何一个民族或文化传统而言，皆为一种仪式或一种象征。我记得，2006年上海的"孟母堂事件"

序　文化经典诵读的"资源"问题

就引发了一次全国较大规模的关于中华文化经典诵读活动的大讨论。这也就是当年石大建动念，要以此类问题为其博士论文研究对象的背景。尽管论文写好了，论文答辩也顺利通过并获好评，但石大建在获得博士学位之后随即回到广西师范大学工作。遗憾的是，这一论著在十三年之后才得以面世。可是，该书讨论的问题始终没有解决，石大建这部书依旧具有研究价值。这是因为中国基层社会发起的中华文化经典诵读活动时间不长，经典诵读的效果始终未能非常明显地呈现，甚至中华文化经典如何能够成为中小学的学习内容等仍存在诸多争论。

一个最基本的问题是，文化经典之诵读对象是否完全等同于儒学经典，国学文献是否等同于传统文化经典。如果这一问题无法获得共识，那么，文化经典的诵读活动及其意义也很难确定，其资源动员能力及社会影响范围也会存在局限。

传统文化、儒家文化、国学经典，它们之间的关系究竟如何？依曹聚仁的说法，"国学"这个词是在清朝中末期以后、被动于西学盛行之大背景下方才提出，但国学就是中国学问，属于中国经典学问，因此无大出入。马一浮曾说，国学就是儒家"六艺之学"。在儒家主导的传统文化体系之中，"六艺之学"大致等于传统中国经典文化或文化经典。然而，传统文化或儒学是一个非常浩大的文本体系，不仅有儒家经典，中国道家道教经典、佛教经典等也应属于中华文化经典范围。倘若言及中华文化经典局限于所谓儒家经典如四书五经，如现在流行的《三字经》《弟子规》之类的文本，那么，这些文化经典诵读活动能够动员的资源及其动员方式就的确值得深入梳理了。

因此，随着第一批参加中华文化经典诵读活动的儿童开始成长起来，其参加经典诵读活动的成效也在不同领域开始显现，关于中华文化经典诵读活动的讨论不断出现。2016年，一封《一个读经少年的来信》再次引发了一场具有一定规模的关于中华文化经典诵读问题的大讨论。对此，同济大学柯小刚教授曾有《当代

◆ 经典诵读的社会动员机制 ◆

社会的儒学教育》的演讲，对当前经典诵读活动提出了八点疑问。几天之后，千人行书院吴小东院长以《就反思"读经运动"致柯小刚先生》进行回应，认为柯小刚先生"误会甚多，既缺乏基本事实的了解，也有思想上的盲点"。在此之后，更多学者参与了这场讨论或争论，各种报刊对此也多有反应，集中刊发了大量关于经典诵读讨论的文章。

2006年和2016年中有两次关于中华文化经典诵读活动的相关讨论，主要话语空间都在上海，而石大建《经典诵读的社会动员机制》也正是以2006～2016年发生在上海的由基层社会组织发起的经典诵读活动为个案展开实地调研和深入研究。因此该专著出版有助于人们对中华文化经典诵读活动及其相关讨论有更深入的认识。

文化经典诵读活动的历时性特征及尚未休止的讨论与争论，说明了现代社会的变迁对于中华文化的重新理解与重新定义的意义。当我们提到中华文化经典之际，它无疑不是一个活化石，就那几本书，就那一个固定的范围。它应该是一个活生生的话语体系，一个活动体系，一种思想体系，一种行动逻辑。经典诵读就是一种传统文化的延伸仪式，而这种仪式也在重新延伸传统文化、定义文化经典。其实，每个人的诵读方式不一样，诵读的结果也会不一样。最关键的是，那些文化经典诵读活动的组织方式与资源动员方式能够在很大程度上决定文化经典诵读的意义、影响。

在当代中国社会，"消费主义"泛滥，不仅是"经济消费"，更是"文化消费"，因此，文化经典诵读的答案不仅在于文化经典本身，更在于经济市场之外的社会重建。谁来诵读，谁来组织，使中国文化，乃至经典本身重新定义与理解的诸种问题，也可在此过程中得到梳解和讨论。因此，文化经典之诵读是一种仪式，也是一种重新理解文化经典的方式，其中的复杂内涵，绝非死记硬背儒家经典的几个小孩所能体现。

当代中国首先要有自己时代的文化经典及定义经典文化的能

序 文化经典诵读的"资源"问题

力与秩序，然后才会有自由选择文化经典进行诵读的资源与配置方式。我始终认为，文化问题不局限于文化，还是社会理论层面所集中讨论的国家、社会、行动者等问题，乃至政治社会学意义上的权力问题。否则，单弱的诵读者直接面对强大的传统话语，即便是一个文化大师或道德宗师，亦将无能为力，只是空有仪式、自我消费而已。

传布了几千年的文化传统如何在当下复活的确是个大问题。中国模式的建构也不等于只有复兴儒家，难道人们都穿了汉服，都诵读儒家经典，各种国学班开设起来，中国文化就能复兴了？！文化经典诵读的文化功能、社会影响就仅具其中一种把握与理解的方法了。

石大建的论著在告诉读者，经典诵读现象所体现出来的各种资源动员方式，无疑是理解文化经典现象与过程的重要方法之一。谨为此序。

李向平

2019 年 2 月 6 日

目 录

第一章 导论 ……………………………………………… 1
第一节 研究缘起 …………………………………………… 1
第二节 文献回溯及问题提出 ……………………………… 6
第三节 研究设计 …………………………………………… 19

第二章 基层社会经典诵读活动的兴起
与发展——个案介绍 ……………………………… 36
第一节 经典诵读活动兴起的背景 ………………………… 36
第二节 经典诵读活动的兴起、发展和扩展 ……………… 52
第三节 经典诵读组织及其主要活动 ……………………… 61

第三章 当代中华文化经典诵读活动的资源动员 ………… 72
第一节 经典诵读活动兴起的经济背景 …………………… 72
第二节 经典诵读活动的场所资源及其动员 ……………… 77
第三节 经典诵读活动的资金及其动员 …………………… 89
第四节 经典诵读的时间及其动员 ………………………… 100
本章小结 …………………………………………………… 104

第四章 当代中华文化经典诵读活动的成员动员 ………… 106
第一节 成员构成及其影响 ………………………………… 106
第二节 经典诵读活动的成员动员 ………………………… 127
第三节 经典诵读活动的组织结构 ………………………… 140

1

本章小结 …………………………………………………… 143

第五章　当代中华文化经典诵读活动的框架动员 …………… 146
第一节　主要话语类别和价值诉求 ……………………… 146
第二节　经典诵读活动的框架动员 ……………………… 153
第三节　框架动员的"造情" ……………………………… 158
本章小结 …………………………………………………… 163

第六章　当代中华文化经典诵读活动的结果 ………………… 165
第一节　经典诵读儿童的变化 …………………………… 165
第二节　组织成员的变化 ………………………………… 169
第三节　文化自觉性的提高 ……………………………… 172

第七章　结论与讨论 …………………………………………… 184
第一节　结论 ……………………………………………… 184
第二节　讨论 ……………………………………………… 189

参考文献 ………………………………………………………… 198

附　录 …………………………………………………………… 205
附录一　深度访谈记录编码表 …………………………… 205
附录二　访谈提纲 ………………………………………… 208
附录三　基层社会经典诵读的课程设置 ………………… 210

后　记 …………………………………………………………… 213

第一章 导论

第一节 研究缘起

中华民族的伟大复兴必然意味着我们文化自信的彰显,而中华优秀传统的广泛弘扬是文化自信彰显的重要内容之一。中华文化和文明是世界伟大的文化和文明之一,在世界上曾经扮演了极其重要的角色,然而在近现代史上,由于经济和军事等方面的全面落后,中华传统文化逐渐被视为阻碍国家和社会发展的主因,进而被否定,许多国人也因此失去了对自己文化的自信心。

随着20世纪60年代亚洲"四小龙"(中国香港、中国台湾、新加坡和韩国)的崛起和改革开放后中国内地经济社会的迅速发展,东亚现代化与传统文化(这些国家的传统文化同属"中华文化圈"或"儒家文化圈")之间的关系再次受到关注和反思。东亚学界和欧美华人学界[1]借助韦伯命题热烈地讨论"新儒伦理"与亚洲现代化之间的关系,产生了大量的研究成果。在这场大讨论中,中华传统文化的合理内核[2]开始得到肯定,从而使中华传统文化复

---

[1] 主要代表人物有日本的涩泽荣一、韩国的金日坤、新加坡的陈荣照、美籍华人杜维明、中国的罗荣渠等。
[2] 许多学者认为中华传统文化中的注重教育、肯吃苦、勤俭节约等伦理观念导致东亚现代化的兴起和自发性。

兴成为可能。中国在国家层面也开始重视中华优秀传统文化的复兴问题；在社会层面，有不少人更是直接付诸行动，大力推动中华经典文化在基层社会中的复兴。

在这样的大背景下，笔者也开始关注中华传统文化的复兴现象和存在的问题，尤其关注中华传统文化在基层社会中的兴起问题。更具体地说，笔者对本研究问题的最初关注，起源于其 10 年前对上海孟母堂的一次造访。

2008 年 7 月，笔者前往上海市松江区的锦轩别墅 156 号。两年前的今天，曾轰动全国乃至海外的"上海孟母堂事件"[①] 就发生在这里。这一事件曾引发了国内媒体、学界和社会对当代私塾和当代基层社会民众诵读中国文化经典现象的争论。然而，正当人们热议私塾和经典诵读时，作为"上海孟母堂事件"主角之一的上海孟母堂却悄然退出公众的视线。时隔两年，上海孟母堂是否已人去楼空。带着这个疑问，笔者去到上海孟母堂原址，却发现上海孟母堂不仅没有停办，其办学规模反而比 2006 年被曝光时更大：接受全日制中华经典文化教育的儿童已经由被曝光时的 12 名增加到 50 多名，导读教师由原来的 4 名上升到 10 多名，教学点由

[①] 上海孟母堂名义上于 2005 年成立，实际上于 2002 年就已经在上海松江创建。2006 年 7 月 10 日，《东方早报》发表了题为《上海全日制私塾：学生背经典看三国大长今》的文章，报道了这家"全国第一家"全日制私塾，引起了媒体热议和教育部门的注意。7 月 14 日，上海市松江区教育局前往孟母堂了解情况；7 月 17 日，以"违法办学"为由责令上海孟母堂停止办学。7 月 19 日，上海孟母堂以《孟母堂违反义务教育法了吗》致函松江区教育局，认为自己并非违法开展教育活动。松江区教育局将情况上报上海市教委，7 月 24 日，上海市教委指出上海孟母堂的三个"错误"，并在媒体上称将在 9 月 1 日前叫停上海孟母堂。此外，政府食品卫生部门、公安部门也先后到上海孟母堂了解情况。7 月 31 日，上海孟母堂发表"孟母堂家长声明"，拟以法律手段维护其权利。8 月 24 日，上海孟母堂向上海市教委提交行政复议书，要求撤销松江教育局于 7 月 17 日开具的《行政告知单》，上海孟母堂事件正式进入法律程序。以上就是"上海孟母堂事件"。这一事件引发国内媒体（如凤凰卫视等）、学界和社会对当代私塾的合法性问题和民间"儒经"诵读现象的争论，也引起了英国《金融时报》（2006 年 8 月 1 日）、新加坡《联合早报》（2006 年 8 月 4 日）等海外媒体的关注。

第一章　导论

原来的1栋别墅变成4栋别墅。

上海孟母堂被曝光时被称为"全国第一私塾",但实际上类似上海孟母堂这种以社会组织为主导力量推广的中华文化经典诵读活动的形式,如中华经典诵读班(简称"经典诵读班")、私塾、经典诵读学校、传统文化学校等,已经出现在全国几乎所有的省、直辖市和自治区内(见附录一)。这意味着,当代中华文化经典诵读活动在基层社会的发展已非"星星之火",而呈"燎原之势"。看到中华文化经典诵读活动在全国各地有如此多的活动场所和参与人员,尤其是在亲自接触和参与这些由社会组织主导推广和开展的中华文化经典诵读活动后①,笔者有所触动,促使笔者进一步去了解中华文化经典诵读活动在中国历史上的来龙去脉及现状。

自西汉以来,经典诵读成为中国传统文化尤其是儒家文化传承的重要形式,是历代王朝进行道德教化、文化教育与人才培养的重要途径。然而,近现代以来,在经历1905年清朝政府废除科举制、1912年民国教育部长蔡元培宣布取消读经科、1919年"五四"批孔、1920年小学语文课全面改用白话文等一系列"打击"之后,尽管官方有三次规模较大的推动儿童经典诵读活动的努力②,学界有严复③、熊十力④、徐复观⑤等著名学者的极力提倡,

---

① 在造访上海孟母堂后,笔者还造访了北京香堂孔子学校等经典诵读点,并与天津、株洲等地中华文化经典诵读点的组织者进行交流,同时还对H市D区的民间中华文化经典诵读活动进行了长达十个月的田野调查。
② 民国时期的这三次经典诵读回潮都有官方背景,其倡导者分别是民国大总统袁世凯、民国教育总长章士钊、湖南省政府主席何键等人。
③ 严复:《读经当积极提倡》,载胡晓明《读经:启蒙或蒙昧》,华东师范大学出版社,2005。
④ 熊十力:《经为常道不可不读》,载胡晓明《读经:启蒙或蒙昧》,华东师范大学出版社,2005。
⑤ 徐复观:《当前读经问题之争论》,载胡晓明《读经:启蒙或蒙昧》,华东师范大学出版社,2005。

经典诵读的社会动员机制

基层社会中仍有不少地方盛行经典诵读①,但"经典诵读"最终还是成为一个历史名词。

20世纪90年代,曾消失长达几十年的中华文化经典诵读活动重新兴起。到20世纪90年代末期,在中国青少年发展基金会发起的"古诗文诵读工程"的带动下,中国内地已有几百万名儿童参加中华文化经典诵读活动,使中华文化经典诵读活动成为一项重要的社会文化运动②,这被称为"第四次经典诵读回潮"③。因此,当代中国已经形成了一股不可忽视的中华文化经典诵读活动浪潮。

当代中华文化经典诵读活动的出现,受到许多人的质疑和反

---

① 殷文指出,20世纪30年代,尽管江苏省教育厅极力推进新式学校,努力取缔私塾,但苏南地区私塾经典诵读仍然盛行:无论是从受教育人数还是从民众拥护程度来看,私塾的号召力都远远高于新式学校。镇江入学儿童共计11346人,私塾儿童即占8700人;无锡入私塾学童达5592人;句容1934年全县人口中有识字者31562人,曾入私塾者22802人,超过2/3。另据《江苏教育概览》介绍,江苏省入学儿童虽占百分之十四,但入私塾者亦不在百分之十以下〔殷文:《三十年代苏南农村私塾教育盛行之动因》,《盐城师范学院学报》(人文社会科学版)2002年第4期〕。郝锦花和王先明统计发现,1920~1930年,中国还有许多地方盛行开展经典诵读教育的私塾。1929年,黑龙江省富锦县小学校仅有35所,而私塾却有52所。1928年,河北82个县共有私塾6277所,男女塾生72144人,平均每县有私塾76所,塾生880人。1930年,河南郑县"全县公私立学校共有94处,而私塾则有285处"。山东临淄县1916年尚有私塾217所,1920年仍有180余所。1936年,江苏扬州私塾与学校数量比大概为10∶1。1933年,江西省南昌、新建、进贤、清江等26县共有私塾6670所,学童101813人,平均每县有私塾257所,学童3916人。湖北省1935年入小学读书的儿童有24万余人,而入私塾者高达30万人。1921年,广东省私塾约2100所,生徒约40万人,广州市内私塾共1100所有奇,就学于私塾者,数倍于学校〔郝锦花、王先明:《论20世纪初叶中国乡间私塾的文化地位》,《浙江大学学报》(人文社会科学版)2005年第1期〕。
② 王财贵甚至认为,经典诵读"若持续其效应,则将是五四以来最大的文化运动"(《经典诵读教育手册》,绍南文化·经典诵读教育推广中心,2004,第8~9页)。
③ 刘晓东:《"儿童读经运动":违背科学的主张,复古倒退的教育——对王财贵先生答〈光明日报〉记者问的质疑》,《学前教育研究》2004年第5期。

对。有人认为当代经典诵读活动和思潮是一种新的"蒙昧"[1]，是"复古倒退"[2]，是"哗众取宠"[3]，是"蛮横粗暴的教育方式"[4]，是"愚民教育"和"误己误国"[5]，是"封建主义复辟"[6]"不散的阴魂"[7]，是"逆历史潮流而动"[8]，是"欺世盗名"[9]。

也有许多人明确表示支持当代中华文化经典诵读活动和思潮。他们认为中华文化经典诵读"具有正面意义"[10]，"可以陶冶人的情操和提升人的道德水准"[11]，有利于"走向文化主体之昂扬壮大"[12]，"具有积极意义"[13]，可以"达成在民族文化、传统道德和心理、情感方面对儿童的启蒙"[14]，有助于"文化的传承"、"蒙以

---

[1] 薛涌：《走向蒙昧的文化保守主义》，《南方周末》2004年7月8日。袁伟时：《评读经：中国人何须为儒家文化殉葬》，载胡晓明《读经：启蒙或蒙昧》，华东师范大学出版社，2005。陈四益：《读经启蒙》，《读经》2004年第9期。

[2] 刘晓东：《"儿童读经运动"：违背科学的主张，复古倒退的教育——对王财贵先生答〈光明日报〉记者问的质疑》，《学前教育研究》2004年第5期。

[3] 许纪霖：《读经的困境》，载胡晓明《读经：启蒙或蒙昧》，华东师范大学出版社，2005。

[4] 林江仙：《也谈所谓"儿童读经"》，载胡晓明《读经：启蒙或蒙昧》，华东师范大学出版社，2005。

[5] 沈睿：《儿童经典诵读与培养鹦鹉》，载胡晓明《读经：启蒙或蒙昧》，华东师范大学出版社，2005。

[6] 安希孟：《评述当前中国文化学术领域某些趋势：私塾、科举、尊孔、读经、节日和语言》，《社会科学评论》2006年第2期。

[7] 史建国：《读经是一个不散的阴魂》，《粤海风》2005年第1期。

[8] 萧宗六：《要求少儿读经是逆历史潮流而动》，《荆门职业技术学院学报》2007年第1期。

[9] 张远山：《欺世盗名的"读经"运动——兼及"文化保守主义"》，《书屋》2005年第7期。

[10] 胡晓明：《读经的新意义》，《晚霞》2006年第7期。

[11] 《外滩画报》：《"文化相对主义"与儒家复兴——访〈甲申文化宣言〉参与者庞朴先生》，载胡晓明《读经：启蒙或蒙昧》，华东师范大学出版社，2005，第36页。

[12] 皮介行：《走向文化主体之昂扬壮大——也谈读经运动》，载胡晓明《读经：启蒙或蒙昧》，华东师范大学出版社，2005，第63页。

[13] 王晓华：《关键的问题是如何读经——对蒋庆读经理念的批评》，载胡晓明《读经：启蒙或蒙昧》，华东师范大学出版社，2005，第84页。

[14] 杨东平：《读经之辩：回到常识和现实》，《师道》2007年第2期。

养正"和"智力发展"①，是"顺潮流而动"②。令人惊讶的是，在一向反对传统文化、反对经典诵读的自由主义阵营中，一批被称为"中道自由主义"的学者也站出来明确表示支持诵读"中华文化经典"③——这种变化被认为具有转折性的、重要的"象征意义"④。

当代中华文化经典诵读活动的争论，让我们似乎又回到"五四"前后官方、学界、民众对经典诵读争论的时光。不管是反对还是赞成当代中华文化经典诵读活动与思潮，一个不可回避的事实是：中华文化经典诵读已经成为当代一个新的重要现象和思潮，而且迄今为止没有任何减弱的迹象。于是，人们不得不问：在中国现代化进程不断推进的今天，中华文化经典诵读活动和思潮何以产生，又何以如此迅速发展。许多学者对此进行了研究，获得了不少成果。

第二节 文献回溯及问题提出

学界对当代中华文化经典诵读活动兴起和发展原因的探讨主要包括以下视角：教育学视角、文化研究视角、现代性反思视角和文化运动视角等。有关这些研究视角及其成果具体如下。

一 教育学的视角

狭义的中华文化经典诵读，是指儿童在成人的带领下，对中

---

① 郭齐家：《少儿读经与文化传承》，《湖南科技学院学报》2005年第1期。
② 郭齐家：《要求青少儿读经是顺潮流而动》，《教育学报》2007年第2期。
③ 秋风：《为什么不能读经》，载胡晓明《读经：启蒙或蒙昧》，华东师范大学出版社，2005。王怡：《"读经"背后的保守主义和原教旨》，载胡晓明《读经：启蒙或蒙昧》，华东师范大学出版社，2005。刘海波：《蒙昧的教育理念与传统观》，《南方周末》2004年7月22日，第8版。
④ 蒋庆：《读经、儒教与中国文化的复兴——蒋庆访谈录》，载胡晓明《读经：启蒙或蒙昧》，华东师范大学出版社，2005。

第一章 导论

华传统文化等经典著作进行诵读的活动，类似传统的私塾教育。这样的经典诵读首先是一种教育活动，一种不同于现代教育内容和形式的教育活动。从教育学研究视角出发的学者认为，现代教育体制存在不少弊端，促使学者、教育工作者和家长对现行教育体制进行反思，从而尝试回归传统经典诵读教育。

目前来看，教育学界主要从教育内容和教育形式等方面来反思现行的教育教学体制，从而开始认可和践行经典诵读教育。

王财贵[①]、江正杰和张怀红[②]认为现行的教育内容安排违背了儿童认知心理规律。他们认为，不同学科的教育要根据儿童认知心理发展的特点而有所区别，其中最根本的区别可以分为两方面：对于数学、自然科学等学科的教育，根据少儿认知心理发展的规律，需要像现行教育体制做的那样，由浅入深逐步地教，少儿的理解力发展到什么程度，就教到什么程度；对于如音乐、美术、语言等涉及人文与艺术文化的学科，则必须在少儿还没有多少理解能力但有很强的记忆能力的时候就教给他，让他熟悉乃至背诵，才可能牢固地掌握，并为将来的深入领会打下基础。他们认为，13岁是人生的一个转折点：13岁前人的记忆力最强，13岁后理解力逐渐增强。因此，13岁前应该先多接受文化教育，而13岁后再接受科学教育。现行的教育体制却违背了这一教育心理学原理，13岁前过早进行科学教育，忽略文化教育，其结果只能是孩子成为"文化侏儒"。

以上观点可称为"先后论"，即认为儿童认知心理的规律要求不同的教育内容应该安排在不同的年龄段进行，顺序不能颠倒，否则人将难成大才，而13岁前必须且只需要进行经典教育。一些

---

① 王财贵：《一场演讲，百年震撼》，北京师范大学演讲稿，2001。王财贵：《儿童经典诵读基本理论》，《北京教育》（普教版）2005年第4期。王财贵：《文化熏陶、智能锻炼、人格完善——儿童经典诵读工程》，《吕梁教育学院学报》2007年第4期。

② 江正杰、张怀红：《经典文化教育运动》，大连出版社，2004，第2页。

> 经典诵读的社会动员机制

学者虽然也主张儿童经典诵读,但他们并不认可"先后论",他们提出了"并举论",认为(不论在哪个年龄段)教育内容应该全面展开,不能只重视科学教育内容而缺失经典教育、人文教育和道德教育。蒋庆认为中国教育缺失了经典教育:"中国的教育体系中没有了经典教育。中华民族成了抛弃自己经典的民族,我们可以用八个字来概括这种教育的后果:'礼崩乐坏,学绝道丧'。"[①] 曾小英认为中国教育缺失了人文教育:"我们的学生考分高,素质差。校园内,青少年学生的'问题'越来越多。'无关心,无气力,无责任,无感动,无抵抗,无批判,无能力,无礼貌,无学力,无教养,无节操,无定见,无思想'的'十三无主义'者比比皆是。显而易见。他们的问题不是出在经济上。也不在聪不聪明上。甚至也不是知识够不够的问题。他们的问题是出在人文文化教养的不足之上。"[②] 黄玉红和刘蕾认为中国缺失了道德教育:在高考这个指挥棒下,学校更多的是注重对知识的教授和传承,注重哪些内容对升学更有用,忽略了对道德和情感的培养,而经典诵读是对"学校德育现状"的呼唤,经典能够成为指引学生道德养成的明灯[③]。

不管是"先后论"还是"并举论",都是从教育内容上反思现行教育体制的弊端。还有一些学者则从教育方式上对现行教育体制加以反思。韩星认为经典诵读"直接针对"现行教育方式的弊端:"中国现在这种集体性的课堂教育方式,教师进行的大面积的、统一的、满堂灌的教育方式,在一个班几十名学生中,老师是没有办法对每一个有深入的了解,然后在这个基础之上因材施教。……我国教育长期以来把学生当成了'产品',把学校当成了

[①] 蒋庆、卢跃刚:《没有经典教育谁是有文化意义的中国人》,《中国青年报》2004年6月12日,第6版。

[②] 曾小英:《继承中国优秀传统文化的教育创举》,《云南师范大学学报》(教育科学版)2000年第3期。

[③] 黄玉红、刘蕾:《传道授业解惑模式在德育建设中的现代意义——由"读经热"看德育建设》,《吉林省教育学院学报》2008年第2期。

'企业'，这个'工厂'可以进行成批成量的'生产'，因而没有可能因材施教，也没有办法使学生有独特的创造精神，尽管有社会有识之士的呼吁和国家教育管理部门的努力，却始终无法摆脱片面追求升学率的怪圈，在知识型教育模式之中徘徊。这样的教育是必须进行改革，进行调整的。"①

不管是从教育内容还是教育方式的角度来反思当今的教育体制，都有一个共同的特点，即认为现行的教育体制存在不少弊端，导致人们需要重新正视传统的经典文化教育。其分析模式如图1-1所示。

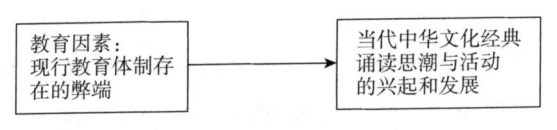

```
教育因素：          当代中华文化经典
现行教育体制存  →   诵读思潮与活动
在的弊端            的兴起和发展
```

图1-1　教育学视角的分析模式

教育学视角的分析模式让我们看到了现行教育体制存在的不少弊端，对于解释狭义的经典诵读教育——儿童诵读中华文化经典的教育的兴起是可行的，但却不足以解释广义的经典诵读，即以中华文化经典诵读为核心并由此扩展开来的文化传统弘扬活动产生的原因。广义的中华文化经典诵读现象已经超出了教育现象的范围，成为一种重要的社会文化现象，与中国文化传统的复兴、西方强势文化的冲击和民族文化的觉醒等密切相关。因此，当代中华文化经典诵读表面上是一种教育现象，但从深层次来说又是一种文化现象。于是，一些学者开始从文化角度来解释当今中华文化经典诵读现象。

二　文化研究的视角

文化研究视角认为，当代中华文化经典诵读活动的兴起，或

---

① 韩星：《我看"读经"》，载胡晓明《读经：启蒙或蒙昧》，华东师范大学出版社，2005。

者是对现代文化存在的种种偏颇的反思（文化保守主义解释），或者是为了应对西方强势文化的冲击（文化民族主义解释），或者是国家、民族和文化发展到一定阶段必然产生的文化觉醒（文化自觉解释）。这三类解释具体如下。

1. 文化保守主义的解释

文化保守主义主要是对现代文化的反思。文化保守主义是建立在对现代性文化理解基础之上的反思或拒斥和对"传统文化的价值加以维护与守持，且这种维护与守持为其思想中的主导方面"的思潮[1]。对经典诵读持文化保守主义观点的学者主要有庞朴和胡晓明等。

庞朴在接受《外滩画报》记者采访时，认为虽然不能过于夸大儿童经典诵读作用，但是它确实能够在一定程度上为中国社会和文化建设提供有益的资源，有助于守住中国文化。他说：21世纪初关于中国文化的出路问题，既是中国文化的发展问题，也是文化保守的问题。文化保守要求我们在全球化背景下"保守住中国文化"，保住中国文化的根，守住中华民族的魂。"文化也有个发展的问题。但是你不首先保守住，谈何发展呢？"[2]

如果说庞朴主要从守住中国文化传统的角度来思考经典诵读，那么胡晓明就是从反思现代文化和守护传统两个方面来谈经典诵读现象。他认为，20世纪的中国忙于"救亡"，忙于"启蒙"，结果忘了守护文化、文明和基本价值，而着力解放人性（当然这是有重大进步的），结果可能是人性的泛滥。这就需要我们对这样的时代问题进行回应，他说："读经不是复古，不是封建文化的沉渣泛起，不是提倡蒙昧和复辟倒退"，也不是"自恋式的斯文重振、弦歌再起，而是一次有针对性的文化抵抗"。胡晓明认为，今天的

---

[1] 张世保：《文化民族主义与文化保守主义论析》，《社会科学战线》2008年第2期。

[2] 《外滩画报》：《"文化相对主义"与儒家复兴——访〈甲申文化宣言〉参与者庞朴先生》，载胡晓明《读经：启蒙或蒙昧》，华东师范大学出版社，2005。

经典诵读既不是"启蒙",也不是"蒙昧",而是"正本",即"对文明生命根源的正其本质、正本清源",即"指向仁爱、良知、诚信、责任、生命尊严、佛法、上帝,东西方共有的做人的基本价值"。因此,他的观点是:"当前读经的实质是回应转型时代,守护文化与文明的基本价值。"①

中华文化经典诵读活动和思潮不仅是对守护自身民族文化基本价值和自我传统活力的理性反思,也是对中华文化所面临的外来文化的激烈冲击的一种反应。于是,一些学者看到了中华文化经典诵读活动的文化民族主义的一面。

2. 文化民族主义的解释

所谓文化民族主义,是指民族的文化自我认同意识缺乏、不稳定,在受到威胁时,通过对文化自我认同意识的创造、维持、强化,争取民族共同体再生的活动②,即文化民族主义主要是应对外来文化冲击的反应③。蒋庆、康晓光和江净帆等学者对经典诵读持文化民族主义的观点。

蒋庆认为经典诵读活动是对西方文化挑战的主动回应。他说,经典诵读现象的产生是由于"近代以来,西方文化进入中国,与中华文化发生了激烈的冲撞。……以儒家文化为核心的中华文化面临着西方文化的全方位的挑战"④。而康晓光不仅把包括经典诵

---

① 胡晓明:《读经的新意义》,《晚霞》2006年第7期。
② 〔日〕吉野耕作:《文化民族主义的社会学——现代日本自我认同意识走向》,刘克申译,商务印书馆,2004,第70页。
③ 文化民族主义的兴起早已被亨廷顿察觉,他说,在现代化的进程中,"在变化的早期阶段,西方化促进了现代化。在后期阶段,现代化以两种方式促进了非西方化和本土文化的复兴。在社会层面上,现代化提高了社会的总体经济、军事和政治实力,鼓励这个社会的人民对自己文化的信心,从而成为文化的伸张者。在个人层面上,当传统纽带和社会关系断裂时,现代化便造成了异化感和反常感,并导致需要从宗教中寻求答案的认同危机"(亨廷顿:《文明的冲突与世界秩序的重建》,周琪译,新华出版社,1998,第67~68页)。
④ 蒋庆、卢跃刚:《没有经典教育谁是有文化意义的中国人》,《中国青年报》2004年6月12日,第6版。

读在内的文化民族主义运动视作对西方文化挑战的主动回应,更认为其是对西方价值观的主动"拒斥"[①]。

与蒋庆和康晓光认为经典诵读活动是对西方文化挑战的主动回应不同,江净帆认为这种回应实质上是一种被动的回应。他认为现阶段的经典诵读只是一种对西方文化冲击本能、被动反应的文化民族主义,只是出于"文化自尊"。他指出,经典诵读现象"后面折射出推动者对当前社会伦理、道德滑坡现象的忧虑和全球化生存境遇中文化身份阐释的焦虑。而这也正是当前社会各界普遍关注的问题。……儿童'读经'运动……在一定程度上反映出民众对文化传统复兴的热情"。他认为,今日的儿童"经典诵读"运动更多的是因"礼崩乐坏,学绝道丧"和中华文化受到西方文化全方位的挑战以及国力强大后对自己文化信心大增而产生的一种对文化传统的热情、一种本能性反抗的"文化自尊"而已[②]。

如果说文化保守主义强调的是对自身文化传统基本价值和自我传统活力的守护,文化民族主义强调的是民族文化在与西方文化互动中的独立性甚至对抗性,那么文化自觉的视角则既强调民族文化传统的基本价值和独立性,又强调与西方文化进行交流和对话。也就是说,经典诵读的文化自觉解释将经典诵读活动上升到一个更高的高度。

3. 文化自觉的解释

费孝通认为,所谓的文化自觉是指生活在一定文化中的人对其文化有"自知之明",明白它的来历、形成过程、所具有的特色及发展的趋向,不带任何"文化回归"的意思。既不是要"复旧",也不是要主张"全盘西化"或"全盘他化"。自知之明是为

[①] 康晓光:《中国归来——当代中国大陆文化民族主义运动研究》,世界科技出版社,2008,第33页。

[②] 江净帆:《"读经"运动是"文化自觉"还是"文化自尊"——兼与蒋庆先生商榷》,《南华大学学报》(社会科学版)2006年第5期。

第一章　导论

了加强对文化转型的自主能力，取得决定适应新环境、新时代文化选择的自主地位①。

主张文化自觉解释视角的学者认为，国家和社会的发展提高了国人对民族文化的自觉性，从而使其自觉地产生了经典诵读活动这样的现象。主张文化自觉解释视角的学者主要有姚海涛、杨东平、王元化、王铭铭等。

姚海涛认为经典诵读活动是因国力上升导致民族文化自觉性提高而产生的。他说："读经这种文化现象的出现不是偶然的事件，它有着深厚的时代背景与内在根据。首先，这与当前我们面临的现实问题是有着很大关系。……其次，在全球化的今天，随着我国的综合国力的提高，民族自觉意识、民族文化意识、民族精神正在逐渐的觉醒。……再次，经典对于每个人的个人修身涵养也有着莫大的作用。"②

杨东平也持类似的观点。他认为，近年来，主要由基层社会力量和自由知识分子推动的新一轮"传统文化热"与 20 世纪 80 年代学术界的"文化热"很不相同，各地开展的少儿经典诵读活动、北京的一耽学堂，以及一些民办学校、农村新兴私塾等，都致力于行动和实践，探索在当前环境下开展传统文化教育的可行之路。这样的现象"产生于道德感和文化意义的社会生活，来自社会深层民族性的觉醒和现实焦虑"③。

王元化同样认为，当代基层社会经典诵读活动的兴起是一种十分自发的对社会文化教育形式的新探索，与"中国近现代思想史上，由文化激进主义而带来的弊端渐渐显露，中国文化由遭受践踏到重新复苏的自身逻辑及文化觉醒"有关④。

---

① 费孝通：《反思·对话·文化自觉》，《北京大学学报》1997 年第 3 期。
② 姚海涛：《关于读经的反思》，《管子学刊》2006 年第 2 期。
③ 杨东平：《读经之辩：回到常识和现实》，《师道》2007 年第 2 期。
④ 王元化：《代序一：面对复杂的文化危机》，载胡晓明《读经：启蒙或蒙昧》，华东师范大学出版社，2005。

13

但是，并非所有认为因文化自觉而产生经典诵读活动的学者都持乐观态度。王铭铭在《"孟母堂事件"："文化自觉"的悲哀》中认为，目前"经典诵读活动"的产生确实是出于费孝通所说的"文化自觉"。因为"经典诵读"的推崇者已经深刻意识到，文化中所谓的"传统"与"现代"之别，实际上是源自西方文化对东方文化的压力。从当前中国教育出现的种种弊端来看，所谓"现代"，并不自动意味着"合理"；所谓"传统"，也并不自动意味着"落后"。"经典诵读活动"以"复古"为方式，承认现代性所包含的"不合理性"，为的是摆脱现代"新传统"的制约。然而，他认为经典诵读的目的和效果是不同的，因此这种文化自觉性是"悲哀"的，甚至是"悲壮"的[①]。

不管是哪一种（文化保守主义、文化民族主义和文化自觉）解释，从文化视角出发的学者都认为文化是推动当代中华文化经典诵读活动兴起的一个重要原因（见图1-2）。

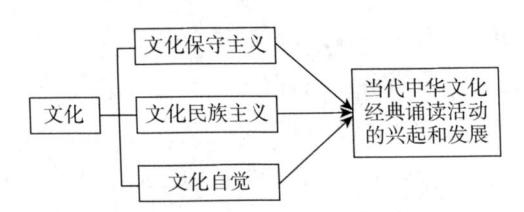

图1-2 文化研究视角的分析模式

但是，文化视角的分析模式只是从文化方面解释了当代中华文化经典诵读活动的兴起和发展，却忽视了文化变迁背后的一个重要因素——现代性。在现代化进程中，产生了许多与传统不同的现代性，这些现代性带来的不仅是进步，也带来了许多不良后果，从而使一些学者开始从现代性反思角度解释中华文化经典诵读现象产生的原因。

---

① 王铭铭：《"孟母堂事件"："文化自觉"的悲哀》，《广州日报》（网络版）2006年8月3日，第A23版。

三 现代性反思的视角

自启蒙运动以来，否定传统、追求现代性的"传统-现代"的思维模式曾经成为主流，现代化成为人类追求的目标。然而，现代化的美好设想并没有完全实现，反而产生了诸多不良后果，引起了艾森斯塔特、吉登斯、里泽等诸多学者的反思[①]。国内一些学者也认为，改革开放后，追求现代化的中国人也开始对现代性进行反思。

黄玉红和刘蕾认为现代性带来的道德沦丧和社会危机等恶果是基层社会对经典诵读重视的原因。他们认为，经典诵读是社会对"道德缺失"的呼唤，因为改革开放以来，经济的发展并没有自行带来道德水平的提高，相反道德的滑坡却成了一个我们无法规避的问题[②]。佟春营也认为，在中国现代化发展过程中，经济的高速发展并没有带来道德水平的提高，反而出现了许多新的问题，对经济、社会的持续发展带来不利的影响，市场经济的持续发展要求建立新的道德体系与之相适应。因此，经典诵读可以成为培养德行、解决现代道德难题的有效途径之一[③]。

现代性反思视角对中华文化经典诵读活动兴起的解释模式如图1-3所示。

现代性带来的不良后果 → 当代中华文化经典诵读活动的兴起和发展

图1-3 现代性反思视角的分析模式

---

① 〔以〕艾森斯塔特：《反思现代性》，旷新年、王爱松译，三联书店，2006，第67页。〔英〕吉登斯：《现代性的后果》，田禾译，译林出版社，2000，第150页。〔美〕里泽：《麦当劳梦魇：社会的麦当劳化》，容冰译，中信出版社，2006，第3页。
② 黄玉红、刘蕾：《传道授业解惑模式在德育建设中的现代意义——由"读经热"看德育建设》，《吉林省教育学院学报》2008年第2期。
③ 佟春营：《对"读经热"现象的考察与反思》，硕士学位论文，天津师范大学，2009，第20页。

现代性反思的视角从更宏观的角度说明人类社会在由传统向现代转型的过程中，产生了许多让人意想不到的恶果，而当代中华文化经典诵读活动是对道德沦丧、社会危机等伴随现代性而来的不良后果的一种回应。这样的视角弥补了文化视角的不足，但有关成果更多的是抽象的推论和宏大的论述，无法从中观的角度对当代中华文化经典诵读活动加以具体剖析，而社会学侧重于从中观层面思考中华文化经典诵读活动产生的原因。从社会学中观角度研究中华文化经典诵读活动等文化运动现象的是文化运动视角。

四 文化运动的视角

直接从社会学的文化运动角度研究文化运动的成果不多。香港学者吴有能尝试从框架动员理论（资源动员理论的一个分析视角）研究台湾人间佛教运动，揭示框架动员这一中观因素在台湾人间佛教运动中的重要作用[1]（见图1-4）。

```
框架动员 ——————→ 台湾人间佛教运动的兴起
```

图1-4　吴有能对台湾人间佛教运动产生原因的分析模式

吴有能从框架动员理论视角研究了台湾人间佛教运动，强调了中观因素——框架动员的作用，对本书描述"框架动员"的部分很有启发意义，但吴文的研究对象是台湾人间佛教运动，这一对象与中华文化经典诵读活动有许多不同，且视角较为单一（仅从框架动员视角考察）。

康晓光则将宏观因素和中观因素结合起来，对包括经典诵读活动在内的文化民族主义运动产生的原因进行了分析。他把影响当代中国文化民族主义的因素分为两大类三小类。两大类是宏观

---

[1] 吴有能：《框架与台湾人间佛教的动员模态：从法鼓山的共识谈起》。2007年11月30日至12月1日，香港中文大学人间佛教研究中心主办、第二届"佛教与公民社会"学术研讨会。

因素和中观因素，而宏观因素（背景因素、外部因素）又分为根源性宏观因素和一般性宏观因素。他认为，"转型"是文化民族主义运动最深刻的根源，"中华文化的生命力"是另一个根源；"结构性紧张""政治机会结构""大国崛起"则是决定这场文化民族主义运动产生、特征、轨迹和命运的一般性宏观因素，也是外部因素①；"集体行动框架""动员结构""行动方式"则是中观的、内部的因素②（见图1-5）。

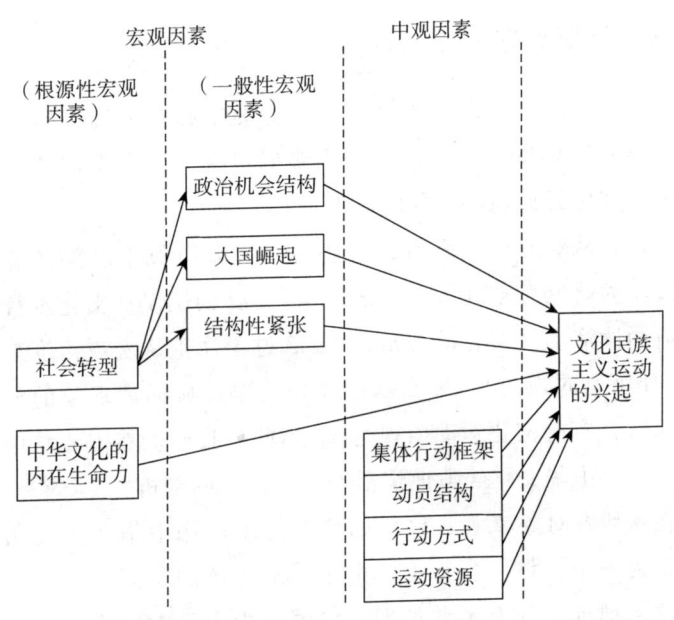

图1-5 康晓光对文化民族主义运动产生原因的分析模式

康晓光的分析模式综合考虑到宏观和中观因素的共同作用，并重点研究了中观因素在文化民族主义运动兴起中的重要作用。但是，这一分析模式也存在两个问题。其一，关于宏观因素，不

---

① 康晓光：《中国归来——当代中国大陆文化民族主义运动研究》，世界科技出版社，2008，第21~46页。
② 康晓光：《中国归来——当代中国大陆文化民族主义运动研究》，世界科技出版社，2008，第12页。

管是根源性的还是一般性的，都没有直接促进一项运动的产生，一项新社会活动的产生与运动组织的积极行动有直接的关联。当然，宏观因素也并非不起作用，只是它们一般先作用于中观因素（如集体行动框架、动员结构、行动方式、运动资源等），然后通过中观因素间接影响运动的兴起和发展。其二，康晓光分析的对象是具有一定政治色彩的文化民族主义，而不是更具有中立立场的中华文化经典诵读活动。

五 简要评述和提出问题

以上种种研究视角和成果从各个方面解释和解读了当代中华文化经典诵读现象，并取得了相当多的成果，大大丰富了人们对当代中华文化经典诵读现象的认识。

但是，从研究视角来看，这些研究要么局限于以狭义的经典诵读活动为研究对象（教育学的视角），要么仅仅从文化本身来分析经典诵读活动（文化的视角），要么过于注重从宏观角度来分析（现代性反思的视角），要么从中观角度对经典诵读现象的分析不够深入（已有的文化运动的视角）。因此，我们仍然需要从中观的角度对当代中华文化经典诵读活动进行深入的剖析。

再从研究对象来看，以往的研究笼统地将中华文化经典诵读现象视为一个整体。实际上，由于推动主体的不同，中华文化经典诵读活动可以分为多种类型：以国家为主导力量推动的体制内经典诵读、以学界为主导力量推动的学者经典诵读，以及以普通民众为主导力量推动的体制外经典诵读，即基层社会经典诵读。因此，不对当代中华文化经典诵读现象加以细分，就很难对它们做深入的分析，毕竟不同主体所选择的资源动员方式、方法、路径都不同。因研究所限，本书仅以以基层社会组织为主导力量推动和开展的中华文化经典诵读活动，即基层社会经典诵读活动为研究对象。

当代中华文化经典诵读活动具有群体性和实践性的特征，其

第一章 导论

外在表现为一系列的群体活动，并产生重大的社会影响，具有社会事实[1]的特征。迪尔凯姆认为，所谓的社会事实是指"一切行为方式，不论它是固定的还是不固定的，凡是能从外部给予个人以约束的，或者换一句话说，普遍存在于该社会各处并具有其固有存在的，不管其在个人身上的表现如何，都叫社会事实"[2]。当代基层社会经典诵读活动已经比较普遍地存在于中国社会中，不管个人对其抱有什么样的态度，都不能改变这一事实，都会或多或少受其影响，因此当代基层社会经典诵读活动已成为一个社会事实、一个社会层面上的现象，而一个社会事实必须根据另一个社会事实进行解释[3]，不能根据个体层面的因素进行解释。因此，我们将探讨哪些社会事实是直接推动当代中华文化经典诵读活动这一社会事实产生的原因。

实际上，综述中提到的教育学因素、文化因素、现代性因素，以及康晓光谈到的各种宏观因素，都是社会事实。但是，对于像当代中华文化经典诵读活动这样一个由基层社会组织共同发起的社会事实来说，这些社会事实忽略了行动主体的积极作用，只有这些行动主体才可能直接推动这一群体活动的产生。因此，我们仍然要继续探索这一问题：直接促进当代基层社会经典诵读活动兴起和发展的社会事实是什么。

第三节 研究设计

要解决这一研究问题，我们拟采取以下思路：首先，界定研究对象；其次，选择合适的理论视角，提出研究命题并确定研究这一命题的分析工具；再次，根据研究命题和分析工具确定研究

---

[1] 社会事实是社会层面的因素，也可称为结构性因素。因此下文有时也用结构性因素来表示社会事实。
[2] 〔法〕迪尔凯姆：《社会学方法的准则》，狄玉明译，商务印书馆，1995，第34页。
[3] 〔法〕迪尔凯姆：《社会学方法的准则》，狄玉明译，商务印书馆，1995，第125页。

经典诵读的社会动员机制

方法和资料收集的方法；最后，对整个研究内容进行框架安排。

一 研究对象的界定

本书研究的对象是兴起于当代基层社会的中华文化经典诵读活动，简称"经典诵读活动"。这一研究对象的具体界定如下。

第一，所谓"当代"，是指本书研究对象兴起和发展的时期，即自20世纪90年代中华文化经典诵读活动兴起以来至今的这一时段，以区别于历史上曾经多次出现的中华文化经典诵读活动。中国历史上曾出现过多次经典诵读活动，如春秋战国时期孔子及孟子推动的经典诵读活动、两汉时期的经典诵读活动、宋明时期的经典诵读活动[1]，以及自民国禁止经典诵读以来在民国时期出现的三次经典诵读的回潮[2]，因此历史上至少出现过六次具有重大影响力的中华文化经典诵读活动。但是，本书并不研究这些曾在历史上出现的经典诵读活动，而仅以20世纪90年代至今这一时期的当代中华文化经典诵读活动[3]为研究对象。

第二，所谓"基层社会"，是指当代中华文化经典诵读活动的推动主体。本书仅研究当代中华文化经典诵读活动的基层社会推广主体，即由普通民众组成的基层社会组织[4]。20世纪90年代以来的当代中华文化经典诵读活动最初兴起于基层社会，至今已经

---

[1] 胡晓明：《读经：启蒙或蒙昧——来自民间的声音》，华东师范大学出版社，2005，第2页。

[2] 这三次经典诵读的回潮分别是：1915年，康有为和陈焕章等发起了试图将孔教定为"国教"的运动，他们提倡诵读儒家经典，成立孔教会，创办《不忍》等儒教刊物，还把定孔教为"国教"的动议推上国会；1925年，时任中华民国教育总长的章士钊提出"尊孔读经""读经救国"的主张；1934~1935年，由何键在湖南、陈济棠在广东，以及宋哲元在北方，以地方大员的身份提倡经典诵读，而《教育杂志》关于"经典诵读"问题的讨论非常热烈，第三次经典诵读的回潮影响很大。

[3] 从这一意义上讲，当代中华文化经典诵读活动也可以被称为第七次中华文化经典诵读活动。

[4] "组织"一词，在本书中既指正式组织，也指非正式组织、群体，取广泛之含义。

有不少体制内学校开始推行以中华文化经典诵读为重要内容的国学教育，官方也开始开展与中华文化经典诵读有关的活动，如大张旗鼓地进行高级别的"祭孔"、全球遍地开花地成立孔子学院等①，企业界则借助"国学""传统文化"之名谋求经济利益，学界的一些人和组织亦积极推动中华文化经典诵读活动。但是，这些以体制内学校、官方、企业和学者为推广主体的中华文化经典诵读活动，都不是本书的研究对象，毕竟这些体制内组织与基层社会对中华文化经典诵读活动推动和发起的资源动员机制和路径的理解有较大的不同。因此，本书仅把以基层社会组织为主体推动的当代中华文化经典诵读活动作为研究对象。

第三，所谓"中华文化经典"，是指当代中华文化经典诵读活动的诵读内容。"经典"即"具有典范性、权威性的著作，是经过历史选择出来的'最有价值的书'"②。"经典"的外延有狭义、中义和广义三种：狭义的"经典"是指"儒家文化经典"，仅限于儒家的文化经典；中义的"经典"是指以"儒家文化经典"为主的所有中国传统文化经典；广义的"经典"是指所有时代、所有民族和所有国家的文化经典。本书的研究对象"中华文化经典"是中义的"经典"，即以儒家文化经典为核心的中国传统文化经典。

第四，所谓"诵读"，是指当代中华文化经典诵读的活动形式。"诵读"也有狭义和广义之分。狭义的"诵读"是指对文化经典著作的"背诵"和"朗读"，且以"背诵"为主。广义的"诵读"还包括进行传统礼仪教育、说文解字、培习琴棋书画、习练中国传统武术、举行国学沙龙和国学论坛等弘扬中国文化传统的

---

① 截至2014年12月，孔子学院已经开设到126个国家和地区，总共成立475所。其中孔子学院在亚洲32个国家和地区成立103所，在非洲29个国家成立42所，在欧洲39个国家成立159所，在美洲17个国家成立154所，在大洋洲3个国家成立17所（孔子学院总部网，http://www.hanban.edu.cn/）。

② 王财贵：《潜能开发与儿童读经》，载胡晓明《读经：启蒙或蒙昧》，华东师范大学出版社，2005，第5页。

各种活动形式。用康晓光的话来说，经典诵读推广者开展的绘画、书法、传统音乐、传统武术、经典棋谱等活动都是经典诵读的形式①。本书取广义的"诵读"，即以诵读"儒家文化经典"为核心内容并由此扩展开来的弘扬中国文化传统的活动形式。

因此，本书的研究对象——当代中华文化经典诵读活动可以被明确界定为：兴起于 20 世纪 90 年代且至今方兴未艾的主要由基层社会组织推动的以中华文化经典诵读为核心内容的弘扬和复兴中国文化传统的活动。

二 研究视角和研究命题

（一）研究视角：资源动员理论

资源动员理论（Resource Mobilization Theory，RM）② 兴起于 20 世纪 70 年代，由麦卡锡和扎尔德（McCarthy and Zdld）创立。麦卡锡和扎尔德的研究表明：20 世纪 60 年代，许多新兴的社会集体活动在美国的增多，并不是社会矛盾加剧或者社会上人们所具有的不满情绪的显著增加，而是社会上可供社会集体活动发起者和参与者利用的资源的大大增加；是否发起该社会集体行动以及是否继续将之向前推进，是参与者尤其是发起者进行反复衡量、综合考虑后进行理性选择的结果。麦卡锡和扎尔德的理论基础来自奥尔森的一个核心命题——成本-收益的权衡是集体行动理论的核心③。麦卡锡和扎尔德以这一命题为基础，在美国新兴的社会

---

① 康晓光：《中国归来——当代中国大陆文化民族主义运动研究》，世界科技出版社，2008，第 273 页。

② John D. McCarthy, Mayer N. Zald, *Trend of Social Movements in America: Professionalization and Resource Mobilization* (Morristown, N. J.: General Learning Corporation, 1973), p. 25. John D. McCarthy, Mayer N. Zald, "Resource Mobilizatiion an d Social Movements: A Partial Theory," *American Journal of Sociology* 82 (1977): 1212 - 1241.

③ Mancur Olson, *The Logic of Collective Action: Public Goods and the Theory of Groups* (Cambridge: Harvard University Press, 1965), p. 40.

集体活动研究中提出了理性选择假设，否定了传统理论的非理性假设。麦卡锡和扎尔德在20世纪70年代发表的两篇论文（《社会运动在美国的发展趋势：专业化与资源动员》和《资源动员和社会运动：一个局部理论》）①奠定了资源动员理论的基础。

资源动员理论提出理性假设，对传统社会理论提出了挑战，把以前不成问题的理论变成了成问题的理论，开辟了一个新的研究方向。之后，资源动员理论大受关注，产生了许多成果。莫里斯和赫林对学术刊物上发表的论文进行内容分析的研究显示：到20世纪80年代，资源动员理论已经成为社会理论中的主导范式之一②。

当然，资源动员理论自身也有一些缺陷，因此它也经历了不断修正和完善的过程。早期的资源动员理论是一种过于强调物质资源和"理性人"的经济学模型，忽略了社会心理层面、集体认同、不满情绪等非物质资源因素的作用，受到了甘姆森③、塔罗④和戴维斯⑤等众多学者的批评；在这种批评之下，资源动员理论开始加大对另外两种资源，即成员资源和话语资源的研究力度，从而增加了成员动员和框架动员两个研究维度。经过不断的发展，资源动员理论日益成熟起来。

现在，资源动员理论已经没有当年的显赫地位，但是仍然具

---

① John D. McCarthy, Mayer N. Zald, *Trend of Social Movements in America*: *Professionalization and Resource Mobilization* (Morristown, N. J.: General Learning Corporation, 1973), p. 25. John D. McCarthy, Mayer N. Zald, "Resource Mobilizatiion and Social Movements: A Partial Theory," *American Journal of Sociology* 82 (1977): 1212 – 1241.

② Aldon D. Morris, Cedric Herring, "Theory and Research in Social Movements: A Critical Rewiew," in Samuel Long ed., *Annual Review of Political Behavior* (1987). p. 69.

③ 〔美〕甘姆森等：《集体行动的社会心理学》，载莫里斯和缪勒《社会运动理论的前沿领域》，刘能、秦明瑞译，北京大学出版社，2002，第60~61页。

④ 〔美〕塔罗：《运动中的力量》，吴庆宏译，译林出版社，2005，第268页。

⑤ 〔美〕奥勒姆：《政治社会学导论：对政治实体的社会剖析》，董云虎等译，浙江人民出版社，1989，第455页。

有生命力。扎尔德说:"尽管近来资源动员理论遇到了不少挑战,但是在我看来,没有一个挑战者能够有效地取代它。相反,激动人心的任务就是如何来整合这些挑战者。"①

资源动员理论适用于解释那些新兴的、具有理性特征的、资源因素作用突出的集体活动。因此,资源动员理论适用于对当代中华文化经典诵读活动在基层社会中兴起这一现象进行解释。兴起于中国基层社会的当代中华文化经典诵读活动具有以下特点。第一,新兴性。中华文化经典诵读活动在当代中国基层社会的兴起和发展是一个新兴的现象、新兴的事物。第二,理性选择性。当代中华文化经典诵读活动有社会精英和理性的家长骨干组织和推动,参与中华文化经典诵读活动的家长们是在犹豫、观察、反复考虑和衡量后才选择参与的,因此,当代中华文化经典诵读活动并不是非理性的社会活动。第三,集体性。基层社会中的中华文化经典诵读活动不是一个个体性的活动(虽然个体也可以进行诵读,但组织者认为集体诵读更加有效果),而是一项具有集体行动性质的社会活动,这一社会活动在全国各地都有一定的独立性,但和其他地方又相互呼应、支持与合作。第四,资源因素作用突出。基层社会中的当代中华文化经典诵读活动在全国各地的兴起和发展并不平衡,这与各地组织发动者的个人能力及各地的物质资源、文化资源和话语资源的不平衡密切相关。因此,资源动员理论的视角适合对这一社会现象(社会活动)进行更深入的分析和解释。

(二)研究命题:资源决定基层社会中华文化经典诵读活动的兴起和发展

从资源动员理论的视角来看,影响新兴社会集体活动产生的结构性因素或社会事实是资源因素,因此它的命题是:社会上可

---

① 〔美〕扎尔德:《为了前瞻的回顾:对资源动员研究范式的过去和未来的思考》,载莫里斯和缪勒《社会运动理论的前沿领域》,刘能、秦明瑞译,北京大学出版社,2002,第376页。

供新兴的社会集体活动的组织者利用的资源总量的上升,促使新兴的社会集体活动兴起和发展,也决定它的成败(见图1-6)。

```
┌──────────────┐      ┌──────────────────────────┐
│  资源总量上升 │ ───→ │ 新兴社会集体活动的兴起和发展 │
└──────────────┘      └──────────────────────────┘
```

图 1-6 资源动员视角对新兴社会集体活动兴起原因的分析模式

由于当代基层社会的中华文化经典诵读活动具有新兴社会集体活动的性质,受资源动员理论观点及其命题的启发,笔者提出的主要命题是:当代社会可供基层社会组织者开展中华文化经典诵读活动的资源总量的上升,直接推动当代基层社会中华文化经典诵读活动的兴起和发展。实际上,这一命题要求笔者从资源的角度分析这一项社会群体行动。

三 核心概念和分析框架

(一) 核心概念:资源、动员

要掌握资源动员理论的分析框架,首先要了解资源动员理论的两个核心概念:资源和动员。

1. 资源

最初资源动员理论主要将"资源"概念局限于物质资源。但是随着研究的深入,"资源"的内涵日益宽泛。

奥伯肖尔将资源定义为"从工作、工资、财产、对物质商品和服务的权利等物质性资源到权威、道德承诺、信任、友谊、技巧、勤奋的习惯等非物质性资源"[1]。由此,在奥伯肖尔看来,资源不仅是物质性的,还是非物质性的。

科塞等将资源动员理论所谈到的"资源"概括为:"社会运动能够动员以下资源:时间、人数(特别是已经组织起来的群体和能够以较小风险获取利益的人)、资金、有政治影响的第三派势

---

[1] Anthony Oberschall, *Social Conflict and Social Movements* (Englewood Cliffs. NJ: Prentice-Hall, 1973), p. 28.

力、意识形态、领导人和沟通系统等。"① 这样一来，"资源"的范围就更大了。资源既包括有形的资金、场所、设施、成员，又包括无形的领袖气质、组织技巧、合法性支持等。如今，资源动员理论一般把所有的资源分为三类：物质资源、成员资源和话语资源。其中，物质资源包括资金、场所、设施、时间②等；成员资源包括参与成员、领袖气质、组织能力等；话语资源包括意识形态、目标、价值诉求、框架（由于社会学最重视的是比较具体的话语资源，因此主要分析框架）。

2. 动员

"动员"一词原为德文，名为"Mobilmachung"。其在德国的字典里是"Mobil"和"Machen"的组合词，原意为"使……动起来""做到能动""装备起来"。最早主要是军事用语，意为"使……做好战争准备""进行战争动员""进行战备"，即现代意义上的"动员"③。

中文"动员"一词最早见于日俄战争之后。日本人在借用"动员"概念之初是直接译为"出师准备"的，因为词语实在太长，不适于军语，用时不能明确划分动员与集中的界限，所以就将其译为"动员"。日俄战争后，这一概念被中国人直接借用，意为"能动之员"。如今我们所使用的"动员"一词，一直沿用这层意思，并且广泛用于非军事领域。2002 年 7 月商务印书馆出版《现代汉语词典》，它对"动员"所下的定义为："①国家把武装力量由和平状态转入战时状态，把所有的经济部门工业、农业、运输业等转入供应战争需要。②发动人参加某项活动。"④ 该定义

---

① 〔美〕科塞等：《社会学导论》，杨心恒等译，南开大学出版社，1990，第 587 页。
② 为分类和研究的方便，一般将时间列入物质资源中。
③ 张杰：《"动员"词源略考》，《国防》2004 年第 4 期。
　张羽：《求证"动员"词源》，《国防》2004 年第 3 期。
④ 中国社会科学院语言研究所词典编辑室编《现代汉语词典》，商务印书馆，第 1115 页。

反映了"动员"一词的演进过程。

社会学界较早运用"动员"一词的是麦卡锡和扎尔德,他们用 resource mobilization(资源动员)对美国20世纪60年代新兴的社会集体活动的频发现象进行了研究。之后,蒂利和麦克亚当也运用动员理论对新兴的社会集体活动进行了研究。

在资源动员理论中,动员指的是新兴社会集体活动的发起者利用各种手段和策略积极调动物质、成员和话语等资源,从而发动社会集体活动的行动。"动员"一词强调了组织者在新兴社会活动发起过程中起到的积极作用。

(二)分析框架:资源动员、成员动员和框架动员三个维度

根据活动资源的不同类型,资源动员理论将其分析框架分为三个研究维度:资源动员、成员动员和框架动员(见图1-7)。具体如下。

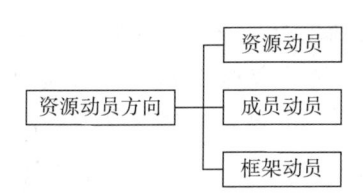

```
                    ┌── 资源动员
    资源动员方向 ────┼── 成员动员
                    └── 框架动员
```

图1-7 资源动员理论的分析框架

1. 资源动员维度

在研究维度中的"资源"只是指狭义的资源,即主要指新兴社会活动所需要的物质资源,而不包括成员资源和话语资源(这两类资源笔者将在成员动员和框架动员中加以分析)。因此,资源动员维度只是研究对资金、设施、场所、时间等资源的动员。

从资源动员维度研究的问题主要是:可供新兴社会活动组织利用的物质资源有哪些,新兴社会活动的发起者是如何动员这些物质资源的,物质资源的变化对新兴的社会活动产生什么样的影响。

2. 成员动员维度

一项新兴社会活动的成功发起,需要一定数量的物质资源并

采取各种策略动员它们,但是新兴社会活动作为一项集体行动,也离不开充分动员那些潜在的和已经参与其中的成员。只有发动一定数量的成员,让他们积极参与到新兴社会活动中,才可能实现新兴社会活动的顺利进行。

从成员动员维度研究的问题主要是:新兴社会活动的参与者是些什么人,这些参与者具有什么样的特征,活动组织是如何动员参与成员的,成员资源的变化及其特点对新兴社会活动有什么样的影响。

3. 框架动员维度

1970~1980年,新兴社会活动的研究者非常强调资源、政治机会、组织力量等非话语性因素对新兴社会活动的影响,但是实际上,话语、意识形态、符号性行为(包括奇特的服装)、宣传、情感等话语因素在新兴社会活动中的作用是无法被忽视的。以往相关研究者对此的处理有:一是忽视对这些因素的分析,二是对话语和意识形态做泛泛的宏观处理。为了弥补对话语因素的忽视,也为了对话语因素进行一种具有较强可操作性的分析,一些学者开始借助戈夫曼的框架整合概念,从话语角度对新兴社会活动的话语方面进行研究,这种研究可以说与今日的社会建构论研究方向是大体一致的[1]。

框架(frame)是指能够帮助人们认知、理解和标记周围所发生事物的解读范式[2],或者说是一种简化与浓缩外在世界的诠释架构,其方式是强化与符码化个人环境中的对象、情境、事件、经验与行动顺序,无论是过去的还是当前的[3]。戈夫曼(Goffman)运用了"框

---

[1] 〔美〕赵鼎新:《社会与政治运动讲义》,社会科学文献出版社,2006,第211~212页。
[2] 〔美〕赵鼎新:《社会与政治运动讲义》,社会科学文献出版社,2006,第212页。
[3] Snow, David, A. and Robert, D. Benford, "Master Franes and Cycles of Protest." pp. 133-155, in Frontiers in Social Movement Theory, esited by Aldon D. Morris and Carol M. Mueller. New Haven: Yale University Press, 1992.

架整合"（frame alignment）这一概念进行微观社会学研究，并称为框架分析[1]。

斯诺等（Snow et al.）把"框架整合"这一概念工具引入新兴社会活动理论，对新兴社会活动的微观动员过程进行分析[2]。斯诺等人认为，所谓框架整合可以是把若干具有相近（但不相同）意识形态、价值或目标的组织通过改造运动目标和策略而联合起来的过程，也可以是通过转换运动目标和策略而把新兴社会活动组织的意识形态、目标和价值与动员对象的利益和怨恨联系起来的过程[3]。

从框架[4]动员维度研究的问题主要是：活动组织者的价值诉求是什么，他们是如何将抽象的价值诉求话语整合和改造成民众认同和接受的框架的，框架动员对新兴社会活动有什么样的作用。

四 研究方法和资料收集

（一）研究方法的选择：个案研究

个案研究是研究新兴社会活动最常见的方法[5]。个案研究是一种田野研究，要求研究者亲自到田野地中，通过直接接触和观察研究对象，深入了解研究对象的外在特征、内在思想和生活环境等情况，以具体地把握研究对象。这种方法有利于深入了解一个社区或群体的产生、发展、现状及其特殊的文化。当代基层社会经典诵读活动是一项正在进行的社会－文化运动，许多发展趋势

---

[1] Erving Goffman, *Frame Analysis* (New York: Harper & Row, 1974), p. 11.
[2] David, A., Snow, E., Burke Rochford Jr., Steven, K. Worden and Robert, D. Benford, "Frame Alignment Processes, Micromobilization, and Movement Participation," *American Sociological Review* 51 (1986): 464–481.
[3] 〔美〕赵鼎新：《社会与政治运动讲义》，社会科学文献出版社，2006，第212页。
[4] 由于"框架"二字对国人来说显得陌生，似乎也容易引起误解，因此有时有人也将框架动员称为精神动员（吴有能：《框架与台湾人间佛教的动员模态：从法鼓山的共识谈起》，2007年11月30日至12月1日，香港中文大学人间佛教研究中心主办第二届"佛教与公民社会"学术研讨会）。
[5] 林嘉诚：《社会变迁与社会运动》，黎明文化专业公司，1992，第129页。

尚未定型，通过个案的方法研究正在发展中的事件更具有说服力。此外，本书试图对基层社会经典诵读活动的发起和发展的具体过程，以及组织者如何动员物质资源、成员资源和话语资源的具体情况进行了解，这也需要长期进行田野调查方能实现。

个案研究法的不足之处也很明显：代表性有限，难以推论到有关总体；要花费较长的时间；等等。但是，正如布尔迪厄在日本演讲时谈到关于有益于法国研究的结论是否对日本现象有解释力时所说的："我的全部科学都从这一信念得到启发，即确信只有深入一个经验的具有历史处境的现实的特殊性中，才能理解社会世界最深刻的逻辑。"[①] 这说明了个案研究的重要意义。当然，由于个案研究法本身存在不足，因此本研究个案并不能推及总体，但可以起到与其他类似个案进行比较和讨论的作用。

（二）个案的选择：H 市 D 区基层社会的经典诵读活动[②]

现今的基层社会的中华文化经典诵读活动已几乎遍布全国各省市，在众多基层社会的经典诵读活动中挑选个案并非易事。本书选择了 H 市 D 区以两个基层社会经典诵读推广组织——鼎佳组织和华山组织为主导力量推动的经典诵读活动为研究个案。鼎佳组织是一个非正式组织，2004 年成立，主要由经典诵读儿童的热心家长（义工）构成，现拥有景保大班、景保中班、景保小班、乐林、英远、佳敬、丰景 7 个经典诵读班。华山组织是一个正式组织，2008 年成立，主要由专职员工和会员组成，现拥有经典诵读学校和国学会馆 2 个经典诵读机构。

笔者以 H 市 D 区的基层社会经典诵读活动为研究个案，原因是该个案有如下特点。

---

① 〔法〕布尔迪厄：《实践理性：关于行动理论》，谭立德译，三联书店，2007，第 3 页。
② 按照一般的研究惯例，本书对采访的当事人的名字、地名及机构名都做了技术处理。

1. 典型性

第一，D区的基层社会经典诵读活动的参与者为数众多，发展迅速。D区基层社会经典诵读活动最初只有3名儿童和3名志愿者老师参加，几年后发展到几百名儿童（背后是上千名家长）、9个经典诵读点、几十名志愿者老师和上百名义工（包括热心家长）的规模。

第二，D区基层社会经典诵读活动的内部参与者和外部支持者（包括个人与组织）来源广泛。内部参与者主要有推广主体（组织成员）、辅助成员和受教育者三大部分。其中，推广主体和辅助成员包括组织者、员工、志愿者老师、义工、（国学馆）会员、家长等，他们是来自多个团体、单位和阶层的人士和在校大学生、硕士生、博士生等；受教育者既有儿童，也有少年、青年、中年和老年人。外部支持者既有个人，也有组织，如其他私塾、经典诵读学校、经典诵读班、经典诵读推广机构、政府、企业、社会团体等。

第三，D区基层社会经典诵读活动产生了较大的影响。不仅影响了本区的家长和儿童，还吸引了H市其他区的家长和儿童，同时也对D区的主流思想和主流价值观带来了一定的冲击。

2. 适合性

D区基层社会经典诵读活动的形式多样，符合本书研究对象的特点，即以广义的经典诵读活动为研究对象。D区基层社会经典诵读活动并不局限于诵读经典，它还开展礼仪教育、德育教育、说文解字、声乐培训、传统武术培训、国学沙龙等活动，经典诵读活动的形式非常多样化，这在H市和其他省市都是不多见的，预示了中华文化经典诵读活动发展的一个趋势。

（三）资料收集：观察、访谈和文献资料

本书的资料主要来源于自2008年9月以来笔者对田野地的调查。"针对某一特定社会活动的个案分析，必须采取参与观察法、

经典诵读的社会动员机制

访问法、文献收集法等。"① 因此，本书的资料收集主要是通过参与观察和访谈实现的，此外还从鼎佳组织、华山组织及其网站，以及D区政府工作网站获取了不少的文献资料。

1. 参与观察

2008年9月28日，笔者参加了H市首届"孔子文化周"活动。因一些活动项目在华山经典诵读学校开展，以及该校有一名员工为笔者的同学，因此笔者有机会认识了该校的张校长，并成为华山国学会馆（与华山经典诵读学校同为华山组织的活动机构）的第一批会员和华山经典诵读学校的义工。于是，笔者以国学会员的身份参加国学会馆每周日举行的国学沙龙活动，并且以义工的身份参与华山经典诵读学校开展的中国传统文化体验、讲座、经典诵读等活动，从而能够对这些基层社会经典诵读活动及其参与者进行仔细观察。

由于对D区基层社会经典诵读活动的关注，2008年10月，笔者在网络上发现了鼎佳组织的网站，于是笔者开始与鼎佳组织负责人联系。由于笔者曾与上海孟母堂负责人、北京香堂孔子学校负责人都有过接触，而鼎佳组织的负责人与这两个机构的负责人都是好朋友，因此笔者顺利地以导读老师（也称为"志愿者老师"）的身份参加了鼎佳组织的经典诵读活动。这样，笔者就与鼎佳组织的志愿者老师和儿童一起进行经典诵读、参加家长会等活动，从而能够观察志愿者老师、家长和儿童的活动情况。

2. 访谈

访谈法是笔者获取有关资料的最主要的方法。笔者与鼎佳组织和华山组织的负责人及志愿者老师、员工、会员都已经很熟悉，因此可以对绝大部分核心成员进行较详细的访谈。此外，笔者还访谈了其他参与者，如义工、儿童和家长。笔者在这次田野调查中共对37名组织成员（包括负责人、志愿者老师、员工和义工）

---

① 林嘉诚：《社会变迁与社会运动》，黎明文化专业公司，1992，第129页。

进行了深度访谈。

3. 文献资料

在参与活动的过程中，笔者从经典诵读推广积极参与者手中获得了许多与经典诵读有关的资料（如招生简章、经典诵读活动宣传资料等）；鼎佳经典诵读班和华山经典诵读学校都有自己的网站，因此笔者可以从中收集到许多相关的文献资料；D 区经济社会发展、人均收入、居民储蓄等资料也可以通过 D 区官方的"统计信息网"等途径获取；经典诵读教育运动的主要推动者在全国各地发表了有关经典诵读的演讲，这些演讲内容（从文字到图片、光盘）都可以通过网络或其他途径获得。上述这些文献为本书提供了重要的资料支持。

五　篇章安排

本书以发生在 H 市 D 区的以基层社会组织为主导力量推动的中华文化经典诵读活动为研究个案，以资源动员理论的三个研究维度为分析框架，对当代基层社会的中华文化经典诵读活动加以研究。本书的篇章安排如图 1 - 8 所示。

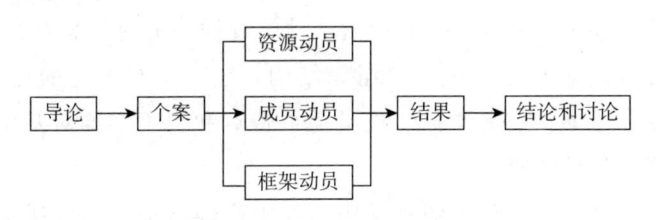

图 1 - 8　本书的篇章安排

第一章是导论。在这一章中，首先界定了本书的研究对象——当代基层社会的中华文化经典诵读活动；其次介绍了本书的缘起，引出研究主题，并梳理有关中华文化经典诵读活动的文献，指出其中存在的不足，提出本书的研究问题；再次说明了解决问题的理论视角、研究命题和分析工具；最后介绍了本书的研究方法、资料收集方法和篇章设计。

第二章介绍了本书研究的个案。本章首先介绍了个案背景——儒家传统在当代的复兴趋势，以及自20世纪90年代以来台湾、香港和大陆的经典诵读活动的发展概况。其次阐述了H市D区的基层社会的经典诵读活动的兴起、发展和扩展过程。最后简单介绍了D区基层社会的两个经典诵读组织——鼎佳组织和华山组织的基本情况及其开展的几项主要的经典诵读活动。

第三、第四、第五章在个案论述的基础上，从资源动员、成员动员和框架动员三个研究维度重点分析发生在当代基层社会中的中华文化经典诵读现象。这是本书的主体部分。

第三章首先从一个较为宏观的角度，即D区国民经济和居民收入水平的发展来了解D区基层社会的中华文化经典诵读活动兴起和发展所嵌入的经济背景。其次，分别探讨基层社会的中华文化经典诵读活动所必需的三种最主要的物质资源，即场所、资金、时间的变化和动员情况，以及这些可供基层社会组织支配的物质资源对D区基层社会经典诵读活动兴起和发展的影响。

第四章首先介绍基层社会经典诵读活动的主要参与者，即组织者和组织成员的情况和特点；其次，阐述基层社会的经典诵读推广组织动员民众参与经典诵读活动的过程、机制和效果；最后，介绍鼎佳组织和华山组织的组织结构。在介绍和阐述的过程中，还讨论了主要参与者构成、成员动员特点和组织结构对基层社会经典诵读活动的影响。

第五章介绍鼎佳组织和华山组织推广经典诵读活动所运用的两种话语——价值诉求话语和框架话语。本章揭示了D区基层社会组织推广经典诵读活动背后的价值诉求，并探讨了基层社会组织是如何将其价值诉求整合成有助于成员动员和资源动员的框架的。此外还将考察基层社会组织进行框架动员时是如何采取策略性话语来激发被动员者的情感，从而达到增强框架动员效果的目的。

第六章介绍基层社会的中华文化经典诵读活动的结果。这一章将探讨在参加中华文化经典诵读活动后，儿童和基层社会组织成员发生了什么样的变化，以及组织成员的文化自觉性是否有所提高，等等。

第七章是结论和讨论部分。主要是根据前几章的分析，得出本书的研究结论，并进一步讨论其他宏观因素（社会转型、传统文化底蕴、政治机会结构、教育因素、文化因素等）是如何与资源因素共同影响当代基层社会的中华文化经典诵读活动的兴起和发展的。

第二章 基层社会经典诵读活动的兴起与发展——个案介绍

H 市 D 区以基层社会组织为主导力量开展的经典诵读活动，是在中华文化传统复兴的背景下产生的，同时又是当代中华文化经典诵读活动的重要组成部分。因此，要了解 H 市 D 区基层社会组织开展的经典诵读活动兴起和发展的过程和特点，就需要了解中华文化传统的兴衰过程和复兴趋势，以及中国当代中华文化经典诵读活动这一大潮发起和发展的总体概貌。

第一节 经典诵读活动兴起的背景

H 市 D 区基层社会经典诵读活动是在改革开放后中华文化传统的复兴和海外及中国港台地区对经典诵读活动推动的大背景下发起和发展的。

一 儒家传统复兴的趋势

（一）儒家传统及其兴衰

儒家文化传统是基于儒学的发展、普及和教化而形成的社会成员的一般意识、观念以及风俗、礼教等文化现象的总和。儒家文化传统主要包含三方面的内容：第一，儒家的思想学说深入人心，部分转化成为一般社会成员的思想、意识和观念；第二，受儒家指导或影响的个人教养，包括内在的德行和外在的行为规范；第三，带有浓厚儒家色彩的社会习俗和社会风气。这三方面内容

第二章　基层社会经典诵读活动的兴起与发展——个案介绍

构成了儒家文化传统的基本内涵[①]。

儒家文化传统在中国历史上经历了一个兴衰过程[②]。

儒家文化传统发端于两千多年前的春秋战国时期，由孔子创立。西汉时期汉武帝推行了"罢黜百家，独尊儒术"的方针，为儒家学说的发展和儒家文化的推广和普及提供了极其重要的制度支持。此后的两千年时间，尽管佛、道等学说也在一定程度上深刻影响了中国社会，甚至在某个时段一度成为王朝的主导思想，但是总体来说，儒家学说仍是中国社会的主流思想。儒学在其发展的过程中，经不断普及和教化，形成了深刻影响大批中国人主导信仰乃至许多东亚人、东南亚人意识、观念、思维方式和行为习惯的儒家文化传统。

然而，近代以来，儒家文化传统开始面临前所未有的深刻危机。西方强大的经济、政治、军事、科学等实力对中国的冲击，以及对比之下中国长期积弱的现实，使儒家文化传统成为许多激进中国人的"众矢之的"，尤其是"五四"运动以来，以儒家传统为核心的中国文化传统受到了许多知识分子的严重质疑和强烈抨击：儒家文化传统是"吃人"礼教[③]，是"延滞的文化"[④]，是"反民主"[⑤]，是"毒品"[⑥]，是中国实现现代化的阻力[⑦]……总之，

[①] 王钧林：《儒家文化：定位、定义与功用》，《孔子研究》2008年第5期。
[②] 有关儒学、儒教的历史发展可参：李申《儒学与儒教》（四川人民出版社，2005）、《中国儒教史》（中国人民大学出版社，2006）；李泽厚《中国古代思想史论》（人民出版社，1985）；杜维明《儒家传统的现代转化》（中国广播电视出版社，1992）、《儒教》（上海古籍出版社，2008）；干春松《制度化儒学及其解体》（中国人民大学出版社，2003）和《制度儒学》（上海人民出版社，2006）；等等。
[③] 鲁迅：《狂人日记》，人民文学出版社，2002，第7页。吴虞：《吃人与礼教》，载赵清、政诚编《吴虞集》，四川人民出版社，1985。
[④] 陈序经：《文化学概论》，中国人民大学出版社，2005，第390页。
[⑤] 唐宝林：《陈独秀语萃》，华夏出版社，1993，第62页。
[⑥] 蔡尚思：《中国传统思想总批判》，湖南人民出版社，1981，第2页。
[⑦] 刘绪贻：《中国的儒学统治：既得利益抵制社会变革的典型事例》，叶巍等译，中国人民大学出版社，2006，第2页。

经典诵读的社会动员机制

儒家文化传统被标签为封建思想的文化符号,被视为中国落后的总根源。在内外交困的情境下,自汉代以来制度化的儒学被解体了①,成为没有托身之地的"游魂"②。十年"文革",儒家文化传统更是受到近乎偏执的全盘否定和批判,儒家文化传统的发展几近裹足不前。对此,列文森说:"儒学思想在产生它并需要它的社会开始解体之后,变成一片阴影,仅仅栖息在少数人的心底,无所作为地被像古玩一样珍爱着。"③

(二) 儒家传统的复兴趋势

"三十年河东,三十年河西。"④ 改革开放后,"尘封"几十年的儒家文化传统的命运开始出现转机,呈现"枯木逢春"的复兴趋势⑤。20 世纪 80 年代初,"文化热"在内地兴起;1984 年后,文化讨论成为"当时最重要的社会和政治思潮"⑥。20 世纪 80 年代,"文化热"的主旋律是对中国传统文化的批判和对西方文化的推崇,或者说是"五四"精神的延续⑦,这一势头到 20 世纪 80 年代末更是达到了顶峰。此时的儒家文化传统虽仍大受基层社会和学界的批判,但是转机已经出现:一是官方停止了大规模、有组织地反对文化传统活动的行为;二是学界开始有一些重要学者提出要

---

① 干春松:《制度化儒学及其解体》,中国人民大学出版社,2003,第 1 页。
② 〔美〕余英时:《现代儒学论》,上海人民出版社,1998,第 233 页。
③ 〔美〕杜维明:《儒家传统的现代转化》,中国广播电视出版社,1992,第 518 页。
④ 季羡林:《三十年河东 三十年河西》,当代中国出版社,2006。
⑤ 杜维明说,从政治化的角度来否定中国传统文化,使中国知识分子付出了巨大的代价。"然而,我并不认为儒学的命运便就此终结了。相反,儒学作为中国主要精神力量再度出现的可能性是存在的。当然我绝不是预言儒学这只凤凰似乎可能取代现行的意识形态而再生。但是我坚信,随着文化的非政治化成为全民的信念而不是作为现代化的策略起作用时,那么在艺术、文学、历史和哲学中的儒学的精神价值将再度表现出它对塑造整个中国创造性心灵的影响。"(〔美〕杜维明:《人性与自我修养》,胡军、于民雄译,中国和平出版社,1988,序言)
⑥ 杨阳:《文化秩序与政治秩序:儒教中国的政治文化解读》,中国政法大学出版社,2007,第 217 页。
⑦ 陈壁生、石勇:《国学热:十年人文热点对话录》,中山大学出版社,2007,第 8 页。

第二章　基层社会经典诵读活动的兴起与发展——个案介绍

"重新评价孔子"[①]，有关儒家的学术会议开始增多，多家研究孔子、儒学和传统的机构先后成立[②]，有关"儒教是教非教"的问题开始得到讨论[③]；三是海外和中国港台地区新儒家思想开始"反哺"内地（虽然当时新儒家的声音还比较微弱）。

20世纪90年代，鉴于20世纪80年代末的政治事件，官方开始有意识地推动文化传统的复兴，学界也开始出现"国学热"。但是，这一"国学热"由于没有充分的基层社会基础支持而"蹩入象牙塔，蹩入书斋"[④]。然而，儒家文化传统还是在向前迈出步伐：1994年，陈明创办《原道》杂志；同年，国际儒学联合会在北京正式成立，开始扩大儒学在全世界的影响；1998年，武汉大学创办国学实验班；以儒经为主体的古代思想典籍的整理、重印、译注的成果不断增加；韦伯的"中国命题"[⑤]，即儒教与现代化的关系重新得到关注和讨论[⑥]。

进入21世纪以来，官方、学者、基层社会三方都加快了对

[①] 庞朴：《孔子思想的再评价》，《历史研究》1978年第8期，第2页。李泽厚：《中国古代思想史论》，人民出版社，1985，第2页。匡亚明：《对孔子进行再研究和再评价》，《光明日报》1982年9月13日。钟肇鹏：《孔子研究》，中国社会科学出版社，1983，第3页。

[②] 有关当代儒家发展状况，包括举行的会议、成立的机构等内容，参牟钟鉴：《大陆当代儒学巡礼》，《中国文化报》2006年8月24日，第4版。

[③] 有关"儒教是教非教"争鸣参任继愈主编《儒教争论集》，宗教文化出版社，2000。

[④] 陈壁生、石勇：《国学热：十年人文热点对话录》，中山大学出版社，2007，第8页。

[⑤] 〔德〕韦伯：《儒教与道教》，洪天富译，江苏人民出版社，1997，第301页。

[⑥] 〔美〕杜维明：《儒家传统的现代转化》，中国广播电视出版社，1992。金耀基：《儒家伦理与经济发展：韦伯学说的重探》，牛津大学出版社，1993。张旅平：《文明的冲突与融合——日本现代化研究》，文津出版社，1993。王家骅：《儒家思想与日本的现代化》，浙江人民出版社，1995。宋仲福、赵吉惠：《儒学在现代中国》，中州古籍出版社，1993。〔韩〕黄秉泰：《儒学与现代化——中韩日儒学比较研究》，刘李胜译，社会科学文献出版社，1995。〔日〕依田熹家：《日中两国现代化比较研究》，卞立强等译，北京大学出版社，1997。方克立：《现代新儒学与中国现代化》，天津人民出版社，1997。〔美〕余英时：《现代儒学论》，上海人民出版社，1998。

▷ 经典诵读的社会动员机制 ◁

以儒家文化传统为主体的中国文化传统复兴的推动，主要表现如下。

官方行动主要有以下几点。第一，中国高层官员的语言中开始经常性地引用儒家的话语①。第二，2004年孔子学院开始在海外成立，2009年达300多家，2014年达到近500家②。第三，曲阜祭孔仪式由基层社会祭祀升格为地方公祭（2004年）③，进而上升为"国祭"（2007年）④。第四，中国文化标志城工程正式启动（2008

---

① 如1999年6月，总书记江泽民在中国共产党成立78周年会上说："我们中华民族历来崇尚名节。孟子说的'富贵不能淫，贫贱不能移，威武不能屈'，以及其他许多格言名句都表示了我们民族对坚贞气节的追求。"2003年6月，总书记胡锦涛在中国共产党成立82周年讲话中引用孟子的话（"乐民之乐者，民亦乐其乐，忧民之忧者，民亦忧其忧，乐以天下，忧以天下，然而不王者，未之有也。"），要求干部要树立"乐以天下，忧以天下"的思想。同年12月，国家总理温家宝在美国哈佛大学演讲中说，中华民族的祖先，曾追求这样一个境界：为天地立心，为生民立命，为往圣继绝学，为万世开太平。2015年出版的《习近平用典》一书分为13个篇章，其中有敬民、为政、修身、任贤、天下、法治等具有儒家经典用语的篇章名；在所有讲话中，引用次数最多的是源自儒学经典的名言，其中引用《论语》11次、《礼记》6次、《孟子》4次、《荀子》3次，《尚书》《二程集》等儒学经典著作也被多次引用。

② 全球首家孔子学院于2004年在韩国首尔正式设立，截至2014年12月7日，全球126个国家（地区）建立475所孔子学院和851个孔子课堂。孔子学院设在120国（地区）共475所，其中，亚洲32国（地区）103所，非洲29国42所，欧洲39国159所，美洲17国154所，大洋洲3国17所。孔子课堂设在65国共851个（科摩罗、缅甸、马里、突尼斯、塞舌尔、瓦努阿图只有课堂，没有学院），其中，亚洲17国79个，非洲13国18个，欧洲25国211个，美洲7国478个，大洋洲3国65个（孔子学院总部网，http://www.hanban.edu.cn/）。

③ 从1984年开始，曲阜孔庙恢复了民间祭孔（家族祭孔），之后演变成"半官方"祭孔；2004年发展成由曲阜市政府主导（由当时的曲阜市长江成亲自恭读祭文）的大规模的公祭。

④ 2007年9月28日，祭孔大典及中国国际孔子文化节在孔子故里曲阜举行，与往年不同的是，该届文化节首次由山东省政府与文化部、教育部、旅游局和侨联联合主办（由山东省省长姜大明亲自恭读祭文），本届文化节的举办被媒体认为是中国内地祭孔规格的大幅度提高。2013年11月26日，国家主席习近平在考察山东期间前往曲阜市参观考察了儒家圣地孔府和孔子研究院。这是新中国成立以来国家最高领导人第一次到孔府访问。

第二章 基层社会经典诵读活动的兴起与发展——个案介绍

年)[①]。第五，2004年具有官方背景的"中国文化保守主义峰会"举行，《甲申文化宣言》公布[②]。第六，《光明日报》开辟"国学版"（2006年）。第七，由政府支持的大规模的编辑儒家典籍的工程——《儒藏》[③]开始启动。

学者行动主要有以下几点。一是成立研究机构。如中国人民大学于2002年成立孔子研究院并于2005年成立国学院，山东大学于2004年成立儒学研究中心，中国政法大学于2006年初成立"儒学院"。此外，广东信孚国学院、山西省当代儒学研究会等纷纷成立。二是召开有关儒家传统文化的会议。如2004年中国人民大学

[①] "中华文化标志城"以曲阜和邹城两座国家历史文化名城为依托，以"四孔"和"四孟"等古文物、古遗址为载体，以把两座国家历史文化名城融为一体为建设方向，使之成为具有中华文化标志意义和德化、教育、纪念、展示功能的独特的精神文化空间。其选址在济宁市九龙山区域，该区域位于曲阜市和邹城市之间，东面是孔子出生地，西面是孟子出生地，北面是黄帝出生地，被视为感召凝聚华夏儿女的根基所在。"中华文化标志城"的五项建设目标：一是文化遗产保护园区，推进鲁故城、宋故城、明故城、寿丘少昊陵、邾国故城、邹县古城、孔子诞生地尼山、孟子诞生地九龙山等大遗址组团式保护；二是中华文化教育基地，向人们展示中华民族博大精深、源远流长和多元一体的优秀传统文化；三是世界文明对话平台，以儒家思想为核心的中华文化是参与世界文明对话的重要力量，通过文明对话增进不同文明之间的相互理解和相互尊重；四是儒家文化研究中心，从构建社会主义核心价值体系和世界文明融合发展的高度，深入研究中华民族的核心价值观、核心精神理念、核心道德信仰，使孔孟之乡汇聚儒家思想研究成果；五是砥砺心性的精神家园，继承发扬中华民族最具崇高价值的精神财富，修养道德心性，砥砺人生志节，培育高尚情操，培养浩然正气，使孔孟之乡成为砥砺心性、催人奋进的精神家园。

[②] 2004（甲申）年9月3日至5日，"2004文化高峰论坛"在北京举行，会议在许嘉璐、季羡林、任继愈、杨振宁、王蒙的提议下发表了著名的《甲申文化宣言》。宣言指出，华夏56个民族共同创造的中华文化至今仍是全体中国人和海外华人的精神家园、情感纽带和身份认同；我们愿与海内外华人一起，为弘扬中华文化而不懈努力，愿与世界各国人民一起，为促进人类文明与社会发展共同奋斗。

[③] 《儒藏》工程是中国一项重大的学术文化项目，预计耗资1.52亿元。该项目将收录近500部儒家典籍的《儒藏》"精华编"（约1.5亿字）和约5000部儒家典籍的《儒藏》大全（约15亿字）以及著录万余部儒家典籍的《儒藏总目》。《儒藏》项目计划在2022年全部完成，届时中国将拥有一部最齐备和完整的儒家思想文化著述总汇。

> 经典诵读的社会动员机制

孔子研究院召开"儒学思想在世界传播与发展"国际学术研讨会，2005年10月国际儒学联合会在北京主办"2005国际儒学高峰论坛"，2005年12月中国人民大学孔子研究院等单位联合主办"儒学与亚洲人文价值"国际学术研讨会，等等。三是举行峰会。蒋庆、陈明、康晓光、盛洪等人于2004年举行"龙场会讲"，文化保守主义者集体亮相，"第四代新儒家"开始形成[①]。四是举行许多有关儒家文化传统的大讨论。如2004年的"经典诵读大讨论"，2005年的"国学大讨论"，2006年的"儒教大讨论"，等等。

基层社会行动主要有以下几点。一是经典诵读。我国内地开始开展经典诵读活动的省份有：安徽、北京、福建、甘肃、广东、广西、贵州、海南、河南、河北、黑龙江、湖南、辽宁、江苏、江西、吉林、内蒙古、山西、山东、陕西、上海、四川、天津、新疆、云南、浙江等。二是成立传统文化培训学校。在经典诵读的基础上，一些基层社会团体开始扩展活动范围，进行各种有关传统文化的弘扬活动和培训活动，如西州传统文化学校、贵州传统文化学校等。三是成立基层社会书院。如2001年蒋庆在贵州创办"阳明精舍"，2005年鞠曦在吉林创办"长白书院"，等等。四是成立经典诵读推广机构。主要的经典诵读推广机构有北京四海儿童经典导读中心、厦门绍南文化经典诵读教育推广中心、南京尚古文化·经典文化传播中心、深圳市明德经典文化发展有限公司、湖南精锐经典文化教育发展有限公司、蜀山传统文化公益推广中心等。五是推广"汉服"和"儒服"。不少地方开始热销"汉服"和"儒服"。

儒家传统命运的转机，无疑为当代中华文化经典诵读活动的举行提供了有利的条件。接下来笔者将具体阐述当代中华文化经典诵读活动兴起的概况。

---

① 参见方克立给武汉大学"第七届当代新儒学国际学术会议"（2005年9月10～12日）的贺信。

第二章　基层社会经典诵读活动的兴起与发展——个案介绍

二　中华文化经典诵读活动兴起的概况

实际上，早在20世纪80年代，内地就已经在一些农村恢复了私塾及诵读经典的活动，只是这些现象并不被称为"经典诵读"，而被称为"读老书"，是应乡间认字、写对联、练书法等现实需要而产生和存在的，是对传统经典诵读的恢复。如湖南岳阳市平江县农村的传统私塾早在20世纪80年代中期就已经复起，鼎盛时一个自然村平均有一两所，多的可达到五六所。据统计，截至1988年，全县有私塾84所[1]。这些传统私塾的课本大致有《三字经》《论语》《孟子》，甚至《左传》，以四书五经居多。此外，他们还习书法、练写作和做对联。他们的活动被当地人称为"教老书""读老书"，还不是"现代经典诵读"，不能被称为当代基层社会经典诵读活动[2]。

只有在以儒家为主体的中国文化传统复兴的背景下，自20世纪90年代以来，中华文化经典诵读活动在我国台湾、香港、内地及海外华人圈等地开始兴起并迅速发展壮大，才开始被称为当代中华文化经典读诵活动。笔者现在来追溯这一兴起和发展过程。

（一）中国台湾的中华文化经典诵读活动的发起和发展

1994年，台湾学者王财贵[3]在台湾宣传和推广儿童经典诵读教

---

[1] 李勇刚：《"中国最后一个传统私塾"——五峰私塾：塾师朱执中老先生逝世》，儒教复兴论坛，http://www.rjfx.net/dispbbs.asp?boardID=4&ID=7553&page=8。

[2] 近几年，随着"教老书"先生的相继辞世，平江私塾的数量开始下降。2003年12月31日，被称为"最后一位私塾先生"的朱执中因年事已高（时为83岁），彻底关闭他的五峰私塾（《中国最后一个私塾封馆》，《晚报文萃》2004年第3期）。一些人认为，"中国最后一批私塾永远地消失了"。但是，这只是农村传统私塾的消失，并非私塾和经典诵读的消失。这是因为，主要兴起于城市的现代私塾和现代经典诵读产生了。

[3] 王财贵（1949~），毕业于中国台湾师范大学国文系，先后获硕士、博士学位。曾师从隐者掌牧发、书法家王恺之，是新儒家牟宗三的入室弟子。历任小学、中学、大学教师，鹅湖月刊社主编、主任；现任中国台中教育大学语教系副教授、中国台湾华山书院院长、华山讲堂经典诵读推广中心主任、中国台湾汉学教育协会理事长、美国科技教育协会研究员、全球经典诵读教育基金会会长、鹅湖月刊社编审委员等。

43

经典诵读的社会动员机制

育理念，这使曾中断长达 80 年的经典诵读重新走上中国台湾的教育和文化舞台。

早在十七八岁时，王财贵就觉得自己所取得的成就与古人、前人相比很有限。他将之归因为自己"从五六岁开始到现在读的书，一直是无用之书"①，于是他开始重视文化经典的作用。在大学毕业后的 1971 年，他到台中逢甲小学任教时就开始尝试对儿童进行经典诵读教育试验。在时任校长的许可下，他成立了一个经典导读"实验班"，带孩子们诵读《三字经》《百家姓》《千字文》《千家诗》《论语》等文化经典。但不久以后，因新来的校长反对他带领儿童诵读经典，"实验班"被迫取消。多年以后，他遇到那个"实验班"的一些学生，他们说当年背诵下来的《三字经》《千字文》《论语》等文化经典一直让他们受益匪浅，这坚定了他对诵读经典的信心。于是他从 1991 年开始在家里用自己的四个孩子做实验，进行文化经典教育，所获效果显著。

1994 年，在家庭经典诵读实验成效明显的鼓舞下，还在攻读博士学位的王财贵正式向中国台湾社会推广经典诵读活动。他当时的主要工作是发放《儿童读经教育说明手册》和进行经典诵读推广演讲，同时坚持每周六在华山书院进行儿童经典诵读教育教学。当年，他找到一个企业家出资印 10 万份《儿童经典诵读教育说明手册》，准备用 3 年发完，但不到 6 个月就被索取一空。到后来，这本手册被重印多次，从台湾到内地，从国内到海外，总共发放了好几百万册。

在王财贵和其他经典诵读推广者的不懈努力下，台湾的基层社会经典诵读以华山书院经典诵读推广中心为核心，在各县市成立"经典诵读协会"，大力宣传和推广经典诵读教育活动。如今，台湾的经典诵读活动在体制外得到大规模的普及，正在接受经典

---

① 吴从周：《王财贵："一张嘴，两条腿"》，《学习博览》2008 年第 1 期。

第二章　基层社会经典诵读活动的兴起与发展——个案介绍

文化教育的儿童超过百万人①。之后，在南怀瑾等人和许多机构的支持下，王财贵开始向香港、内地推广经典诵读活动。

此外，王财贵还到新加坡、马来西亚、加拿大、美国等国家和地区的华人圈进行经典诵读教育的推广和宣传，使接受经典诵读教育理念的地区扩展到海外："东南亚从中国香港、中国澳门、新加坡、马来西亚、印尼到越南、泰国、缅甸，凡是有华侨的地方就有人在经典诵读。以及美国、加拿大、阿根廷、墨西哥、澳洲、纽西兰，乃至于英国、卢森堡等地，或许我没有听说过的地方，只要有中国人，就有人开始在接受这种教育。"②

（二）中国香港的中华文化经典诵读活动的兴起和发展

1997年，南怀瑾提出了"重整中国文化断层"的理念，但是如何重整仍在不断的思考之中。南怀瑾从学生李真吾那里听到王财贵提倡儿童经典诵读的介绍后，意识到儿童经典诵读将是一条培养下一代、传递中国文化薪火的实实在在的道路，符合他"重整中国文化断层"的理念，因此立即予以热情的支持。南怀瑾把王财贵请到香港，举行一次公开讲演，向香港民众介绍他的经典诵读教育理念并介绍开展儿童经典诵读活动的具体做法。然后，南怀瑾决定将推动儿童经典诵读活动作为他所领导的国际文教基金会的一项长期任务，指定李真吾女士具体负责儿童经典诵读活动的组织工作。

在国际文教基金会的宣传和指导下，香港的儿童经典诵读活动很快开展起来。1997年6月，天平儿童基础教育中心的主持人陈鸿远律师开办了第一个《经典文学诵读乐园》课程，招收一年级至四年级的小学生，每个星期到中心上课一个半小时，诵读《论语》《大学》《唐诗》《三字经》等中国古代经典。课程效果显著，不仅提高了学生的中文水准，而且改善了他们的气质和行为，

---

① 陈来和甘阳：《孔子和当代中国》，三联书店，2008，第30页。
② 王财贵：《一场演讲，百年震撼》，北京师范大学演讲稿，2001。

经典诵读的社会动员机制

因此获得了家长和教师的认同。参加天平儿童基础教育中心经典诵读课程的学生迅速增加。此外，天平儿童基础教育中心还向香港其他教育机构推广课程。他们协助九龙的伍华小学和马鞍山的泰白纪念学校在全校范围内开展儿童经典诵读活动，为他们提供教育大纲和免费培训师资。在经典诵读推广者的推动下，香港经典诵读活动正从天平儿童基础教育中心扩展到香港全社会。特区政府教育署的总督学在考察了天平中心的经典诵读课程后，还主动向其他学校推介。目前，不仅保良局属下的各个学校开展了经典诵读活动，而且天主教所属的各校也在课外开设了朗读中国文化经典的课程。截至2003年底，"香港已有上万名少年儿童在学习中受益"[1]。

（三）中国大陆的中华文化经典诵读活动的兴起和发展

1. 大陆经典诵读活动的兴起

1995年，赵朴初、叶至善、冰心、曹禺、启功、张志公、夏衍、陈荒煤、吴泽西等把《建立幼年古典学校的紧急呼吁》正式提案提交给第八届全国政协会议，认为中国的传统文化正处于存亡续绝的关键时刻，呼吁建立幼年古典学校。然而，这仍然是弘扬文化传统的呼吁阶段，还不是经典诵读活动的兴起。

1998年成为大陆当代中华文化经典诵读活动的兴起之年。这一兴起以下列几个事件为标志。一是启动"中华古诗文经典诵读工程"。1998年2月18日，"中华古诗文经典诵读工程"组委会开始对北京、湖北的1500名小孩子进行为期三个月的试点工作。试点成功后，古诗文工程正式在全国范围内被激活。同年6月，团中央、少工委和青基会启动"中华古诗文经典诵读工程"，并成立了"中华古诗文经典诵读工程"全国组织委员会，由季羡林、杨振宁、张岱年、王元化、汤一介担任顾问，南怀瑾担任指导委员会名誉主任，并组织专家学者编著《中华古诗文读本》（共12集）。二是北

---

[1] 王财贵：《读经运动：重寻古典智慧》，《深圳特区报》2004年7月14日，第8版。

第二章　基层社会经典诵读活动的兴起与发展——个案介绍

京圣陶实验学校成立。1998年5月，受赵朴初、冰心、曹禺等的嘱托，舒乙、王志远教授等集资成立大陆第一所在九年义务教育基础上融入经典诵读教育的学校——北京圣陶实验学校。

之后，大陆社会各界开始对经典诵读给予极大的关注，并开始进行较大规模的实践，当代内地经典诵读活动开始全面铺开，并取得很大的进展。

2. 大陆经典诵读活动的发展

第一，中华文化经典诵读教育推广机构先后成立。

1999年3月"绍南文化·经典诵读教育推广中心"成立，2000年北京四海儿童经典导读中心成立，2001年武汉老古大方经典文化教育中心成立。这三个机构在未来的几年中一直是大陆基层社会推广经典诵读活动的主要力量，之后，全国各地迅速成立了几百家经典诵读推广机构。

第二，中华文化经典诵读教育推广宣传不断进行。

1998年，王财贵到大陆宣传经典诵读教育理念，引起较大的反响。2000年7~8月，王财贵又到大陆进行巡回演讲，南至福建，北抵内蒙古，东起上海，西达西安。2001年7月24日至8月底，王财贵教授应邀在大陆巡回演讲三十余场。其中，24~25日分别在北京师范大学、北京交通大学做报告①，26日在中央教育科学研究所同教科所研究员以及来自各高校的教授们对"儿童经典诵读"活动进行研讨。

至今，王财贵每年或每隔一年都会到大陆进行经典诵读教育理念宣传，他的经典诵读手册和经典诵读演讲光盘（尤其是"一场演讲，百年震撼"演讲光盘）在大陆受到广泛关注。

除王财贵外，我国还有许多经典诵读推广人士在各省市不断开展经典诵读推广宣传工作。

---

① 2001年7月，在北京师范大学举行的国家级骨干教师培训班中，王财贵发表了被人们形容为"百年震撼"的演讲（这次演讲被制作成光盘，几乎是经典诵读推广宣传的"圣经"）。

第三，中华文化经典诵读机构纷纷成立。

2000年9月，王敬东创办山东平原县小巨人经典学校。这是大陆第一所专门的经典诵读学校（不含九年义务教育内容）。幼儿班以学习经典（文经典、英文经典、国乐经典、西方古典音乐、美术经典、书法经典）为主，另外也附加一些其他课程（语言、计算、常识、体育、美术、音乐、手工等）。

同年12月21日，"一耽学堂"成立，其成员由来自北京大学、清华大学、人民大学、民族大学、中国社会科学院等的博士、硕士和本科生共400多人组成。"一耽学堂"没有教室，他们利用业余时间去清华附小附中、北师大附小、人大附小、北大附小附中、人大附中等13所中小学校教授孩子诵读经典。

此外，厦门、福州、武汉、娄底、株洲、上海、天津、广州、沈阳等城市都有周末经典诵读班、私塾、孔子学校、书院、学堂等且在不断开办。

第四，中华文化经典诵读活动和学术活动不断铺开。

2001年1月24日（大年初一），由北京四海儿童导读中心与国家图书馆、中华慈善总会等单位联合发起的"经典诵读工程"正式启动。

2002年6月8~9日，"中国首届国学启蒙教育学术研讨会"在江苏省江阴市召开。会议由中华孔子学会和江阴市教育局主办，ICI国际文教基金会赞助，江阴市辅延中心小学承办。来自全国各地的代表就"如何推广儿童传统文化教育"进行全方位交流和探讨。此后，长沙又举办了三届"全国经典诵读教育经验交流会"，培训了众多经典诵读教育的推广老师，并使之成为未来经典诵读推广的生力军。

2002年9月18~20日，华夏文化纽带工程组委会在中国曲阜国际孔子文化节期间举办"首届华人中华文化经典朗诵友谊赛"，同时举办"海内外经典诵读与素质教育高层研讨会"。9月20日，中央电视台四套"中国报道"专题报道《让中华文化代代传承》，

第二章　基层社会经典诵读活动的兴起与发展——个案介绍

并对台湾台中师大王财贵博士、北师大郭齐家教授进行专访。10月，中国教育电视台、山东卫视分别在黄金时间播出"经典诵读友谊赛"与"归根——经典诵读海内外专家谈"。

2004年3~5月，厦门绍南文化经典诵读教育推广中心代表拜访了英国莎士比亚学会，并赠送了相关经典诵读教材。英国莎士比亚学会教育中心承诺给背诵莎士比亚的孩子颁发荣誉证书。7月28日，英国莎士比亚协会、英国大使馆、中国台湾华山书院、厦门绍南文化、北京大学、北京外国语大学、国家儒学联合会、中华孔子学会、中国孔子基金会在北京联合举办"千童背诵莎士比亚十四行诗启动仪式"新闻发布会，英文经典诵读教育从此拉开序幕[①]。

2004年6月27日，由台湾华山书院、厦门绍南文化经典诵读教育推广中心和北京四海儿童经典导读中心组织发起的"回到孔子·莎士比亚——儿童经典教育周"在北京的国家图书馆拉开序幕。英国莎士比亚协会、英国大使馆、中国台湾华山书院、厦门绍南文化、北京大学、北京外国语大学、国家儒学联合会、中华孔子学会、中国孔子基金会以及中国各地文教机构参与支持。

2004年9月15日至10月15日被定为"孔子文化月"。是年，中国人民大学孔子研究院主办、北京四海儿童经典导读教育中心协办"孔子文化月"，历时一个月，通过开展"孔子文化月"活动，向全社会发起倡议：树立良好的尊师重道的社会风貌，推广和普及中国优秀传统文化。

2005年，中国孔子基金会开始向优秀的经典诵读儿童颁发"少年孔子奖"。

---

① 2000年4月，在台湾老古公司的授权下，绍南文化在大陆出版了《儿童西方文化导读》，使大陆经典诵读第一次有了"外文经典诵读"教材。

经典诵读的社会动员机制

第五,中华文化经典诵读教材日益丰富。

经典诵读活动兴起之初,正式出版的经典文化教材几乎没有,一些经典文化教材是以自行印刷的形式出现的。

2000年,大陆第一套《儿童中西文化经典导读》系列经典文化教材出版。这套教材由绍南文化·经典诵读教育推广中心发行,厦门大学出版社出版。其内容包括中文经典和英文经典,中文经典包括《学庸论语》《老子庄子选》《唐诗三百首》《孟子》《诗经》《易经》《中医养生启蒙》《孝弟三百千》等;英文经典包括《仲夏夜之梦》《莎翁十四行诗》等①。

2004年,蒋庆编撰出版了12册儒家文化典籍《中华文化经典基础教育诵本》(高等教育出版社)。蒋庆编的这套"诵本"包括《孝经》《诗经》《书经(选)》《礼记(选)》《易经(选)》《春秋经(选)》《论语(选)》《大学(选)》《中庸(选)》《孟子(选)》《荀子(选)》《春秋繁露(选)》《中说(选)》《通书(选)》《近思录(选)》《朱子语类》《朱子大全集(选)》《传习录(选)》《阳明全集(选)》19部儒家经典,共832节课,每节课约100字,对象是3~12岁的孩子。

2004年,北京育灵童儿童教育研究中心与北京师范大学古代文学研究所联合制作出版了《儿童经典诵读——中西文化经典套装》系列教材。这套经典文化教材由22本书组成,内容包含了中国和西方人类文明史上最经典的著作,有《论语》《孟子(选)》《大学·中庸》《诗经(选)》《左传(选)》《史记(选)》《老子》《庄子(选)》《孙子兵法》《唐诗选》《宋词选》《历代诗歌选》《历代美文选》《笠翁对韵》《弟子规·三字经·百家姓·千字文》《文化经典译文》等。

---

① 台湾经典诵读文教事业股份有限公司(华山书院)出版的"中文经典诵读系列"与厦门大学出版社出版的教材大同小异,全套十一册:《学庸论语》《老子庄子选》《唐诗三百首》《孟子》《诗经》《易经》《书礼春秋选》《古文选》《诗歌词曲选》《佛经选》《孝弟三百千》。

第二章 基层社会经典诵读活动的兴起与发展——个案介绍

此外,还有许多经典文化教材已经或正在不断出版。正式出版的经典文化教材都有注音,这些注音使儿童和成人能够不被这些古文吓倒。此外,现今的文化经典内容不仅以书面教材的形式出现,也经常以光碟和磁带的形式面市,儿童可以通过电脑、电视、CD机、MP3/MP4等播放,直接跟着诵读经典。至今,经典诵读教材已经遍布各大书店。

第六,中华文化经典诵读现象大讨论。

自21世纪以来,发生了两次较大规模的经典诵读讨论。第一次是2004年因蒋庆选编的《中华文化经典基础教育诵本》的出版,第二次是2006年因上海孟母堂被曝光[①]。

2004年,蒋庆编撰的《中华文化经典基础教育诵本》引发了学术界和社会对经典诵读的大争论[②]。同年,围绕蒋庆出版的经典诵读教材,相关媒体尤其是《南方周末》刊登了几篇争论文章,如薛涌的批评文章《走向蒙昧的文化保守主义》(《南方周末》2004年7月9日),秋风对薛涌的回应文章《现代化外衣下的蒙昧主义》(《南方都市报》2004年7月13日)。2004年7月22日,《南方周末》连刊四篇有关经典诵读争论的文章:薛涌《什么是蒙昧——再谈读经兼答秋风》、朱国华《背诵、经典与文化保守主义》、秋风《为什么不能读经》、刘海波《蒙昧的教育理念与传统观》。《南方周末》刊登的文章使经典诵读争辩波及学界及基层社会。批评者众多,支持者也不少。甚至这一次,在一向以反传统著称的自由主义者阵营中出现了一批"中道自由主义者"(秋风、刘海波、王怡等)站在支持经典诵读这一边。蒋庆引发这一次争论的意义在于使儒家成为一个公共话题,而过去我们的公共话题是"西方传来的各种思想、主义",一百多年来儒家仍处于"边缘

---

① 如果说第一次经典诵读讨论主要是学界的讨论的话,第二次则是有媒体、学界、民众等多方参与的大讨论。
② 2004年"经典诵读大讨论"的文章主要被收录在胡晓明主编的《读经:启蒙或蒙昧》(华东师范大学出版社,2005)中。

化无语状态"①。

2006年,孟母堂事件又引发有关经典诵读和私塾的大讨论②,这些争论主要围绕私塾的合法性、教育权等问题展开。

在经典诵读推广者的努力下,大陆的经典诵读活动几乎遍布各省市,共有几百万名少年儿童参加。国际儒联报告估计的人数更多:全国各地幼儿园、中小学中有一千万名少年儿童参加,在这一千万人背后,至少还有两千万名家长和老师③。

第二节 经典诵读活动的兴起、发展和扩展

儒家传统的复兴趋势及全国性中华文化经典诵读活动的兴起,亦引起了H市D区众多传统文化关注者和家长的注意,其中一部分社会人士开始有意识地尝试、推广经典诵读活动,以及开展弘扬传统文化的活动,因此,基层社会的中华文化经典诵读活动在D区开始兴起并发展起来。迄今为止,以D区基层社会人士和基层社会组织为主导力量推动的中华文化经典诵读活动经历了兴起(2004年)、发展(2005~2007年)和扩展(2008年至今)三个阶段。

---

① 胡晓明:《读经:启蒙或蒙昧》,华东师范大学出版社,2005,第22页。
② 王铭铭:《"孟母堂事件":"文化自觉"的悲哀》,《广州日报》(网络版)2006年8月3日,第8版。郑素一:《教育权之争——"孟母堂事件"的法理学思考》,《行政与法》2006年第11期。刘长容:《"孟母堂"拷问教育缺陷》,《学习月刊》2006年第17期。张步峰、蒋卫君:《现代私塾"孟母堂"能否见容于法治》,《法学》2006年第9期。秦强:《"孟母堂事件"与宪法文本中"受教育条款"》,《山东社会科学》2007年第2期。刘伟:《"孟母堂"引发的教育思考》,《教育科学论坛》2007年第3期。张震:《我国宪法文本中"受教育义务"的规范分析——兼议"孟母堂"事件》,《现代法学》2007年第3期。季卫华:《"孟母堂"事件中的受教育权探析》,《教学与管理》2007年第19期。王刚:《孟母堂:保卫孩子不去学校的权利》,《中国新闻周刊》2006年第29期。
③ 陈来和甘阳:《孔子和当代中国》,三联书店,2008,第30页。

第二章　基层社会经典诵读活动的兴起与发展——个案介绍

一　经典诵读活动的兴起：从家庭诵读班到社区诵读班（2004年）

1. 家庭经典诵读班的成立

2004年7月，住在H市D区鼎佳社区的三位接受"儿童经典诵读教育"理念的退休老太太尧奶奶、翁奶奶和李奶奶达成共识，并在征得尧奶奶小儿子"勉强同意"后，在尧奶奶小儿子的私人住宅（以下简称"私宅"）成立了仅有三名儿童（尧奶奶的两个孙子和翁奶奶的孙女[①]）的"中华文化经典"家庭诵读班（以下简称"家庭经典诵读班"）。三名儿童在三位老奶奶的带领下，开始诵读《弟子规》和《论语》两部中华文化经典，并接受以《弟子规》内容为中心的传统德育教育和礼仪教育。这个原本只是想让自己的孙子和孙女早点识字、多学点做人道理的由三名儿童、三名家长共六名参与者组成的家庭经典诵读班，不料竟成为D区今天拥有上千名内部参与者和大量外部支持者的经典诵读班群的源头。

最初，三名儿童的父母都没有参与这个家庭经典诵读班。他们一方面怀疑这些儿童（当时有的儿童只有三到四岁，连汉语拼音都不会）是否能够背诵这些艰涩的中华文化经典，另一方面认为《弟子规》《论语》"过时""守旧"，已经不适应现代社会的发展。尽管不同意儿童诵读这些中华文化经典，但由于儿童的父母都忙于自己的事业，无暇顾及孩子的教育，且孩子还没有达到上学年龄，因此父母们也只好任由奶奶们"摆布"孩子了。父母们认为奶奶们只是看到中华文化经典诵读推广演讲光盘后一时头脑发热而进行儿童经典诵读活动，迟早会以失败告终。

虽然没有得到孩子父母的支持，但老太太们坚信"儿童经典诵读教育"理念，坚持每天带着孙子、孙女们诵读《弟子规》和

[①] 第三个发起人李奶奶尽管积极动员自己的孙女参加这个家庭经典诵读班，但由于自己的儿子、儿媳强烈反对，因此李奶奶当时只是经典诵家庭班的组织者和参与者之一，其孙女并没有参加。

《论语》。在她们的努力下,这三名儿童的认字能力、背诵能力和待人接物能力都迅速提高,令儿童的父母们刮目相看,甚至有一位母亲说,"简直不敢相信这就是自己的儿子",因为她的孩子改变了许多过去令她非常头疼的坏毛病。父母们开始认真地观看中华文化推广经典诵读活动的演讲光盘,开始认真翻阅和认识这些"过时""守旧"的经典书籍。最终,他们对儿童经典诵读的态度由反对和不屑一顾转变为支持、鼓励和督促自己的孩子诵读经典。他们甚至开始向自己的一些亲戚、朋友、同事推荐经典诵读。周边的一些父母和爷爷、奶奶、外公、外婆也发现了这些参加经典诵读儿童的变化,加上导读老太太们"希望更多人受益"而大力宣传经典诵读的好处,于是有更多的家长(这里的"家长"是一个泛称,是儿童的父母、爷爷、奶奶、外公、外婆及其他监护人的总称)将孩子托付给这三位老太太进行文化经典导读,个别家长也加入其中成为导读者之一。

2. 社区经典诵读班的成立

最初的家庭经典诵读班只有一个,但是当参与经典诵读的儿童人数上升到十名时,尧奶奶的私宅已经显得非常拥挤,于是他们又到王妈妈的家中成立第二个家庭经典诵读班。但是,参加经典诵读的儿童人数还在上升。为了减少对私宅主人生活的影响,也为了满足更多儿童对经典诵读的需求,三位老太太和其他经典诵读儿童的家长开始寻找更为宽敞的经典诵读活动场所。李奶奶建议在本社区,即鼎佳社区的居委会文化活动室开展经典诵读活动,因为这些经典诵读儿童大部分同在鼎佳社区,而社区居委会的工作室、活动室等条件较好:水电、空调、电风扇、音响、桌椅等一应俱全。于是,他们找到了鼎佳社区居委会,并说明来意。由于是熟人,鼎佳社区居委会主任便爽快地答应了。但是在第一天开班时,当居委会主任看到志愿者老师带领儿童举行拜孔仪式、播放古乐时,怀疑和担心他们在搞"封建迷信"活动,开始找借口拒绝他们继续开展经典诵读活动。于是这些基层社会经典诵读

第二章　基层社会经典诵读活动的兴起与发展——个案介绍

推广者只好另寻别的社区居委会。最终，明悦居委会答应星期天上午将文化活动室免费开放给他们开展经典诵读活动。这样，小规模的家庭经典诵读班结束了他们的"历史使命"，开始变成规模较大的社区经典诵读班，他们将该班取名为"明悦经典诵读班"，负责人是尧奶奶。

社区经典诵读班的产生（2004年底）标志着由基层社会人士和群体主导推动的D区当代基层社会经典诵读活动的正式兴起。

二　经典诵读活动的发展：从社区诵读班到爱心学校（2005～2007年）

2005年，随着经典诵读儿童人数的继续增加，D区基层社会经典诵读推广者又在佳福社区居委会设立了第二个社区经典诵读班——佳福经典诵读班，其负责人是翁奶奶。几乎与此同时，尧奶奶把明悦经典诵读班的"领导权"移交给更富有活力的叶妈妈（一位年轻的妈妈），这标志着D区当代基层社会经典诵读活动进入了发展期：因为从那时起直到现在，叶妈妈（以下简称"叶老师"）都是D区基层社会经典诵读活动的最核心推动者。从此，以叶老师为核心组织者的鼎佳组织开始大力推广经典诵读活动，使D区基层社会经典诵读活动在2005～2007年获得了迅速发展。

1. 经典诵读场所和经典诵读班不断增加

2005～2007年，在原来已经动员的明悦社区居委会和佳福社区居委会的基础上，鼎佳组织又动员佳丰社区居委会为他们提供经典诵读活动场所。此外，他们还成功地动员英远小学和晁望寺为他们提供儿童经典诵读活动场所，从而使D区基层社会经典诵读活动拥有了明悦社区居委会、佳福社区居委会、佳丰社区居委会、英远小学和晁望寺五个经典诵读活动场所。相应地，他们也由2004年底拥有1个社区经典诵读班上升为现在的5个经典诵读班（含1个爱心学校），并在每个经典诵读班设立一名主要的负责人（见表2-1）。

55

表2-1　2005~2007年D区的各个基层社会经典诵读班和爱心学校

序号	经典诵读班名称	地点	负责人
1	明悦经典诵读班	明悦社区居委会	叶老师
2	佳福经典诵读班	佳福社区居委会	翁奶奶
3	佳丰经典诵读班	佳丰社区居委会	吴老师
4	英远经典诵读班	英远小学	季老师
5	晁望爱心学校	晁望寺	尧奶奶

2. 经典诵读教育内容日益增加

D区基层社会经典诵读班诵读的经典作品越来越多：从诵读《弟子规》和《论语》，到诵读《孝经》《大学》《中庸》，再到诵读《易经》、《老子》及英文版《仲夏夜之梦》等。同时，鼎佳组织还进行了更多的儿童礼仪和德育教育（见附录三）。

3. 经典诵读组织形式的多样性

鼎佳组织的经典诵读组织形式由原来的周末经典诵读班形式扩展为三种形式：周末经典诵读班、寒暑假经典诵读班和爱心学校。

（1）周末经典诵读班

鼎佳组织所开展的最基本的经典诵读组织形式就是周末经典诵读班。鼎佳组织利用每周的周末时间来给儿童上经典导读课。自2004年起，这种形式就一直存在。迄今为止，周末经典诵读班仍然是鼎佳组织开展经典诵读活动的最主要形式。

（2）寒暑假经典诵读班

每年的寒暑假期间，鼎佳组织通过熟人关系从各地私塾请来专门的老师（因为D区基层社会经典诵读活动的志愿者老师基本是上班族，只有周末才有时间）对儿童进行更长时间的经典诵读，主要传授孩子们《大学》《中庸》《孝经》等中国传统经典文化。如果找不到私塾老师，他们就在寒暑假的周末时间对儿童进行两天（周六和周日）的经典导读，以让儿童受到更多的教育。

第二章　基层社会经典诵读活动的兴起与发展——个案介绍

（3）爱心学校

2007年7月，鼎佳组织在晁望寺举办了以尧奶奶为负责人的爱心学校，主要招收外地民工子弟参加学习。爱心学校开办了儿童经典文化导读班和书法绘画班。第一期学习了《弟子规》《常礼举要》《笠翁对韵》《孝经》，书法方面学习了毛笔初步，绘画方面学习了素描和铅笔画基础。学校每周上课三天，学生中午在寺院用餐，寺院专门配备了班主任老师照顾学生的课外活动和午休。

在鼎佳组织开展经典诵读活动的同时，另外一个基层社会经典诵读推广组织（华山经典诵读推广组织，以下简称"华山组织"）开始加入D区经典诵读活动的行列。2007年，华山组织开始借助海佳投资公司的名义开展暑期经典诵读活动，其活动形式类似D区鼎佳经典诵读班的暑期班。但是，它在内容和形式上已经出现经典诵读扩展的萌芽：在经典导读的基础上，增加了说文解字、声乐、古琴、茶道、武术、女红、书法、民族舞蹈等培训内容（见附录四）；招收的经典诵读对象不仅有D区儿童，还有来自全国各地尤其是温州的儿童，其中还有相当一部分是拥有美国、法国、西班牙等国籍的华人儿童。

三　经典诵读活动的扩展：从经典诵读到传统文化弘扬（2008年至今）

2008年，鼎佳组织和华山组织都扩展了各自经典诵读活动的形式和内容，使D区的经典诵读活动开始由狭义的经典诵读向广义的经典诵读（弘扬传统文化）方向发展，标志着D区当代基层社会经典诵读活动进入扩展期。

（一）活动内容和形式的扩展

自2008年以来，鼎佳经典诵读班在进行诵读经典作品、开展儿童礼仪和德育教育活动的同时，又开始扩展经典诵读的形式和内容，如进行书画培训、茶道表演、说文解字、放生等一系列活动。

经典诵读的社会动员机制

2008年6月，华山组织成立了华山经典诵读学校和华山国学会馆两个机构（见图2-1），更是不断地扩展了经典诵读的内容和形式。2008年暑假期间，华山组织开始以自己的名义开展暑期经典诵读活动；暑期过后，经典诵读学校也像鼎佳经典诵读班一样开始举办周末经典诵读班（主要面向D区），但是其形式除了儿童周末经典诵读班外，又增加了成人周末经典诵读班。在开展周末经典诵读的基础上，经典诵读学校又开始拓展多种形式和内容的活动。一是举办中国传统文化体验活动：与旅游局合作，将该校（位于江登别墅群）办成D区旅游定点之一，主要进行茶艺表演以及古琴、箫、埙等中国传统乐器的演奏，让中外游客在这里体验中国传统文化，形成D区独有的中国传统文化体验中心。二是举行大学生国学沙龙座谈会：从2008年10月开始，利用周六或周日举办大学生沙龙。三是开办企业文化培训班、养生堂、声乐班、硬笔书法培训班等，还开展古琴雅集、书画笔会、茶道、对外文化交流等活动。

（二）活动机构的多样化

自2008年以来，D区基层社会经典诵读活动的组织形式、机构发生了较大的变化：鼎佳组织的大部分组织者继续坚持原有的经典诵读班形式（周末制和寒暑假制），个别组织者则试图成立私塾；华山组织则成立了半体制内的经典诵读学校和国学会馆。这样一来，D区经典诵读机构的形式就越来越多样化了（见图2-1）。

鼎佳组织总负责人叶老师坚持原有的经典诵读班形式。实际上，叶老师对私塾形式情有独钟，但是她非常清楚地看到，在目前的体制下，开展全日制的私塾形式很难得到家长的认可，许多家长认为这是一种非常冒险的行为，很可能使自己的孩子以后难以在社会上立足。因此，为了更广泛地推广经典诵读活动，叶老师和大部分鼎佳经典诵读推广组织者将经典诵读班形式坚持下来，以求不断扩大经典诵读活动的规模。

佳福经典诵读班（2008年该班迁至丰景居委会，改名为"丰

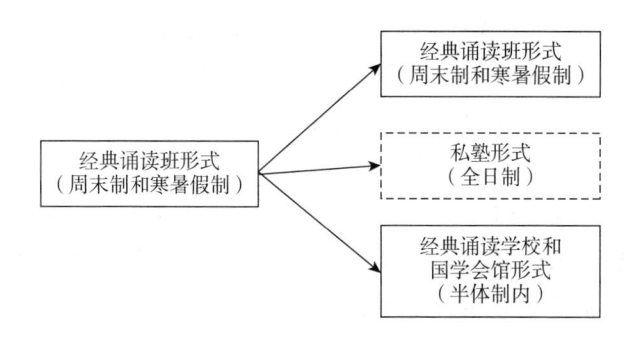

第二章 基层社会经典诵读活动的兴起与发展——个案介绍

图 2-1　D 区基层社会经典诵读机构形式的多样化（2008 年）

注：全日制的私塾实际上并没有办成（用虚线表示），但是出现了寒暑假私塾。

景经典诵读班")的负责人翁奶奶则"雄心勃勃"地要将经典诵读班开成私塾。她认为，只有私塾形式才能让儿童受到更好的经典教育。但是，她的全日制经典诵读教育理念并没有获得多少家长的认同，甚至一些家长质疑其动机究竟是更好地推广经典诵读，还是牟取私利。于是她退而求其次，在寒暑假期间开展全日制经典诵读活动，我们可以称这种形式为寒暑假全日制私塾，这与上海孟母堂等一般的全日制私塾不同。

华山组织认为，体制内经典诵读，即国民教育学校的国学教育并没有真正做好经典诵读教育，而体制外的经典诵读，包括周末经典诵读班、寒暑假经典诵读班、寒暑假私塾、一般私塾也存在种种问题：经典诵读班儿童的经典诵读时间太短，没有多少效果，"一到社会又变为原来的了"（华山经典诵读学校校长语），而且经典诵读班的收费不规范，容易引起许多不必要的麻烦；私塾试图用全日制经典诵读的形式取代国民教育，既不合理也不现实。因此，华山经典诵读组织认为成立一个"合法"的半体制内经典诵读机构，更有利于推广经典教育。于是，2008 年，华山组织成立了两个正式的主要经典诵读推广机构：华山经典诵读学校和华山国学会馆。

（三）经典诵读机构和参与者数量的继续上升

D区基层社会的经典诵读活动在发展的过程中，截至2009年上半年，已形成以两个基层社会组织——鼎佳组织和华山经典诵读组织为推动主体的基层社会经典诵读活动组织格局。鼎佳组织拥有7个机构，即7个周末经典诵读班，分别是景保经典诵读大班、景保经典诵读中班、景保经典诵读小班、乐林经典诵读班、英远经典诵读班、佳敬经典诵读班和丰景经典诵读班。其中，丰景经典诵读班负责人翁奶奶一到寒暑假，就将其诵读班的活动形式变为"寒暑假私塾"。华山组织拥有2个机构，分别是华山经典诵读学校和华山国学会馆（见图2-2）。

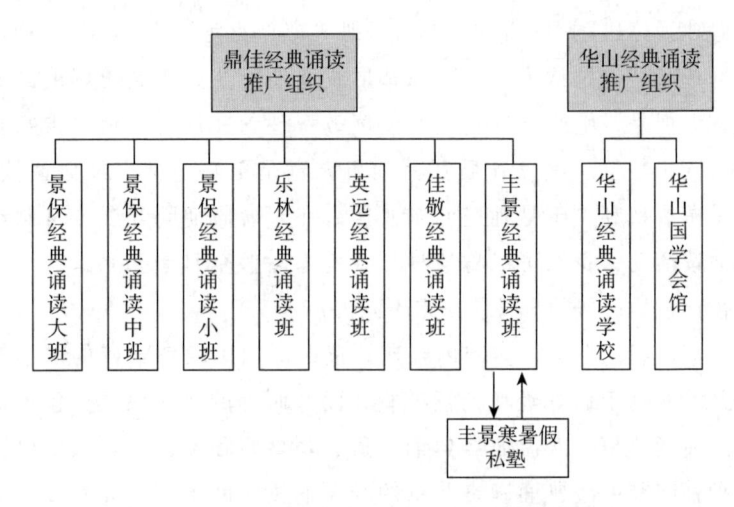

图2-2 2008~2009年D区基层社会经典诵读的格局

注：图2-2中的丰景经典诵读班和丰景寒暑假私塾实际上是同一个机构在不同时段采取的不同形式：平时采取的是周末经典诵读班形式，寒暑假时则采取私塾形式。

从参与人数来看，到2009年上半年，参与经典诵读活动的儿童在册登记的有300多名，儿童家长和志愿者老师人数升至700人。如果再加上华山经典诵读学校的员工、接受经典诵读教育的儿童和成人，那么D区基层社会的经典诵读活动的内部参与者将有1500人左右。

第二章　基层社会经典诵读活动的兴起与发展——个案介绍

第三节　经典诵读组织及其主要活动

一　组织简介

中华文化经典诵读活动在 D 区基层社会的兴起和发展主要是由基层社会的两个经典诵读组织——鼎佳组织和华山组织推动的。这两个基层社会组织的基本情况如下。

（一）鼎佳组织

鼎佳组织产生于 2004 年，是一个致力于将儿童经典诵读教育理念推广到 D 区 3～13 岁儿童中去的基层社会组织，实际上是一个家长联合体。该组织现拥有 7 个经典诵读机构（经典诵读班），80 名组织成员。

"鼎佳"一词来自该组织最早推广经典诵读的社区（"鼎佳社区"）的名字。尽管他们现在已经将经典诵读推广到 D 区不少社区，但是他们仍然把"鼎佳"一词作为这一基层社会组织（群体）的名字。

2004 年，成立家庭经典诵读班的尧奶奶、翁奶奶和李奶奶成为鼎佳组织第一批组织成员，被称为鼎佳组织/鼎佳经典诵读班的三位"元老"。之后，鼎佳组织的成员越来越多，现在的核心成员（负责人和导读老师）有 21 人，义工（主要是热心家长）有 60 人左右。

鼎佳组织的成员主要有负责人（包括总负责人和分负责人）、志愿者老师（导读老师）、义工等。现今，鼎佳组织的总负责人是叶老师，该组织的 7 个经典诵读机构（经典诵读班）各设有 1 名分负责人（其中叶老师兼任景保经典诵读大班的分负责人），因此全部的负责人有 7 名。这些负责人往往是最积极的志愿者老师，也是家长。他们的主要工作是对外联络和协调，如联系经典诵读活动场所的主管、外地经典诵读班负责人进行相互的经验交流和师资培训等。导读老师是那些坚持每个周末为儿童进行经典导读的老师，一般每个经典诵读班需要有 2~3 名导读老师，他们主要由最热心的家长组成，也有少部分导读老师不是家长。义工由热心家长和热衷于弘扬中华文化传统的非家长组成，他们不是导读老师，但有时会代替导读老师上课，他们主要的工作是在导读班中充当导读老师的帮手，协助负责人开展经典诵读经验交流会等。

鼎佳组织尽管名曰"组织"并拥有 7 个经典诵读班，但实际上是结构比较松散的非正式组织，准确来说只是一个经典诵读家长自愿联合形成的群体。鼎佳组织的成员（包括总负责人和分负责人、志愿者老师、义工）之间并不存在领导与被领导的关系。叶老师作为总负责人，既不是由谁任命，也不是由该组织的成员选举出来的，而是"组织"成员对她的默认。各个经典诵读班的分负责人，不是由该班经典诵读儿童的家长或志愿者老师推荐，也不是由叶老师任命，而是由叶老师指定该班最积极的志愿者老师为分负责人。和总负责人一样，分负责人没有什么权力，更多的是一种责任。

（二）华山组织

华山组织产生于 2007 年，是一个致力于将以儒家传统为主体的中国传统文化理念推广给一切年龄的人员（以成人为主）的由知识群体组成的联合体。该组织现有 2 个经典诵读机构——华山经典诵读学校和华山国学会馆，37 名组织成员——16 名核心成员（校长、馆长、员工、正式会员）和 21 名义工。

2007 年，张女士与其他传统文化爱好者开始自愿组成一个经典诵读推广群体，带领一些儿童诵读"儒经"。2008 年，他们开始走上半体制内的发展道路，成立了华山经典诵读学校和华山国学会馆。这两个机构都是以社会团体的名义在民政局登记注册的正式组织，华山组织也因此由非正式组织转变成正式组织。

华山组织的成员主要有校长（兼馆长）、员工（也是正式会员）、义工等。华山经典诵读学校的校长和华山国学会馆的馆长都

第二章 基层社会经典诵读活动的兴起与发展——个案介绍

是张女士（华山组织成员习惯叫她张校长），由她统领两个机构的工作。华山组织的主要成员是华山经典诵读学校的员工（这些员工同时也是华山国学会馆的正式会员，因此两个机构的正式成员实际上是同一批人）。华山组织的义工主要是一些大学生、硕士生、博士生，他们多为国学会馆的非正式会员，是参与大学生国学沙龙的重要成员。

（三）两个组织的比较

作为D区最重要的经典诵读推广活动的基层社会组织主体，鼎佳组织和华山组织既有各自的特点，也有一些相同的地方。

1. 不同点

（1）组织形式不同

鼎佳组织的7个经典诵读机构都是没有在任何行政管理部门办理过手续的组织，组织结构也比较松散。鼎佳组织虽然有总负责人、分负责人、志愿者老师、义工等，但他们之间并不存在领导与被领导的关系，成员进出组织也不需要办理任何手续。

华山组织下设的华山经典诵读学校和华山国学会馆都是在民政局登记注册过的正式组织，组织结构比较严密。华山经典诵读学校的校长和华山国学会馆的馆长是这两个机构的法人代表；员工的进出要办理较严格的手续，员工的工作是一种专职工作。校长（馆长）与员工之间存在工作上的领导与被领导关系。

（2）参与者不同

在鼎佳组织和华山组织开展的经典诵读活动中，参与者都有推广主体（组织者、导读老师、义工）、家长、受教育者三个部分，但是两个组织的参与者并不完全相同。

从推广主体来看，鼎佳组织的组织者、导读老师、义工基本上是经典诵读儿童的家长、D区本地居民，且都是在业余时间（主要是周末）参加经典诵读活动的人员；华山组织的组织者则是一名信仰佛教的居士，她与华山组织的老师（也是员工）都从事专门的传统文化弘扬工作，而华山组织的义工则是一些大学生、

63

硕士生、博士生、白领等，而且至今所有的推广主体都是非本地居民，几乎都是非家长。

从家长队伍的阶层背景来看，参加鼎佳经典诵读班的儿童的家长来自不同社会阶层；参加华山经典诵读学校经典诵读活动的儿童的家长一般是中产阶层及以上的家长。因为华山经典诵读学校的教育收费较高，不是所有社会阶层的儿童都能去接受华山组织开展的经典诵读教育。

从教育对象来看，鼎佳组织的教育对象基本上是3~13岁的儿童，偶尔也有家长成为其中的受教育者，但多是陪孩子一起诵读经典时"顺便"接受传统文化教育；经典诵读学校和国学会馆的教育对象既有儿童，也有成人，可以说任何年龄的人（儿童、少年、青年、中年、老人）都是他们潜在的教育对象，不过他们的特点是以成人为主要教育对象。

概括起来，鼎佳组织的推广主体是D区本地的热心家长，利用业余时间从事经典诵读活动，家长来自各个社会阶层，接受教育的对象是儿童；华山组织的推广主体是外来的知识青年，专门从事经典诵读活动，家长来自中等以上社会阶层，接受教育的对象是一切年龄的人（但主要是成人）。

2. 共同点

虽然鼎佳组织和华山组织有种种不同点，但他们仍然存在不少相同的地方。

（1）价值诉求相同

两个组织的价值诉求都是弘扬以儒家传统为主体的中国文化传统。鼎佳组织要"传承中华优秀的经典文化"，华山组织则致力于"传播中华民族优秀传统文化"，因此它们都有弘扬中国文化传统的诉求。

（2）组织性质相同

很明显，鼎佳组织由家长自愿组成，设立经典诵读班，进行体制外的经典诵读活动，也不追求经济效益，因而鼎佳组织是一

第二章 基层社会经典诵读活动的兴起与发展——个案介绍

个基层社会组织。虽然华山组织成立了经典诵读学校和国学会馆，但由于这两个机构都是以社团形式在民政局登记的，与体制内学校不同，因此它们仍然是基层社会组织。

（3）组织成员的构成基本相同

他们由三部分人组成：组织者（负责人，或校长、馆长）、核心成员（导读老师，或员工、会员）、义工。

（4）相近甚至相同的外部支持者

两个组织的外部支持者主要包括其他各地经典诵读班、私塾、孔子学校（经典诵读学校）、传统文化学校、书院、知名学者、经典诵读推广机构、文化公司、佛教徒（多为居士）、政府、居委会等。

正是由于鼎佳组织和华山组织在价值诉求、组织性质、成员构成以及外部支持者等方面具有共同点，因此将这两个组织结合起来考察 D 区基层社会经典诵读活动成为可能。

二 主要活动

D 区鼎佳组织开展的经典诵读活动主要有：周末经典诵读和寒暑假经典诵读、经典诵读经验交流会和总结会、传统文化节日晚会、师资培训、学者讲学、社区文化活动、开博客（以传递经典诵读信息及与家长在网上互动交流）等。D 区华山组织开展的经典诵读活动主要项目有：儿童周末经典诵读、暑假实践活动、寒假经典诵读、中医养生讲座、硬笔书法培训、传统文化体验，以及国学沙龙、古琴雅集、书画笔会、茶道、对外文化交流等。

（一）诵读儒家经典

诵读儒家文化经典（"诵经"或"经典诵读"）是 D 区所有基层社会经典诵读机构最早的活动，也是鼎佳组织和华山组织一致认可的经典诵读活动项目。当然，这项活动并不仅仅是"诵读"，还包括一些相关的活动。具体来说，在周末，D 区基层社会组织开展的群体经典诵读活动的主要内容如下：

经典诵读的社会动员机制

1. 诵读经典

这是诵读儒家文化经典活动的最主要内容,具体包括以下几方面。一是读经。儿童们在经典诵读活动场所各自反复大声朗读儒家文化经典,如《弟子规》《论语》《孟子》《大学》《易经》等[1],一直读到流利为止。因此,儿童们一般对每页经典教材内容连续朗读20~30遍,甚至上百遍。当然,这是大班儿童进行的经典诵读,而在中班和小班里,志愿者老师更为辛苦:志愿者老师要手把手地带儿童朗读每一个字,有时也要让朗读得比较好的儿童带领其他儿童朗读,或者让每个儿童轮流领读。二是诵经。经过多次朗读并能够背出部分经典内容后,这些儿童就开始到志愿者老师处,把经典教材交给老师,自己背对着老师大声背诵经典。志愿者老师会在他/她的经典教材上做记录和奖励"星星",以激励儿童诵读更多的经典内容。志愿者导师希望儿童能够尽可能多地背诵经典,最好是把主要的经典都背诵下来。

在经典诵读的同时,志愿者老师还会增加一个新内容,即说文解字。他们认为,中国的象形文字具有深刻的内涵,说文解字是最能了解中国传统文化的途径之一。

2. 礼仪教育

在开展"诵读儒家文化经典"这一文化教育活动时,志愿者老师还要进行礼仪教育。

第一项礼仪是"拜孔"。早上八点整,基层社会的经典诵读推广组织的负责人组织所有的志愿者老师和经典诵读儿童庄严地竖立在孔子像前[2],双手紧扣,高举过头顶。循着组织者"向至圣先师孔子行礼!一鞠躬!——二鞠躬!——三鞠躬!——礼毕"的声音,所有志愿者老师和儿童恭恭敬敬地弯腰对着经典诵读活动

---

[1] 实际上,他们诵读的不仅有儒家经典,还有道家经典《老子》和英文版的莎士比亚作品(主要是跟着音乐读)。当然,诵读的非儒家的经典是比较少的。

[2] 在不同的经典诵读点,孔子像形式有所不同:有些是由铜器制作成的塑像,有些是图像。

第二章 基层社会经典诵读活动的兴起与发展——个案介绍

场所最前方的孔子像做了三个深深的鞠躬。这是所有基层社会经典诵读活动参与者在每次进行诵读儒家经典活动前必做的功课。

第二项礼仪是"感恩"。在吃午餐前,当所有的饭菜准备好时,经典诵读推广组织者带领所有的志愿者老师和儿童行感恩礼。双手紧扣,贴紧额头,闭上双眼,稍稍低头,齐口念感恩词:"感谢天地养育万物!感谢父母养育之恩!感谢老师辛勤教导!感谢同学关心帮助!感谢叔叔阿姨给我们做饭!"礼毕,所有经典诵读活动参与者开始进餐。进餐过程中还要做到"食不言"。当有人吃完饭时,要先起立,对着其他人说:"我吃好了,大家请慢用!"然后自己到附近的水龙头下洗碗——不管是儿童还是志愿者老师,都是自己洗自己的碗筷。

其他礼仪教育内容包括:上下课行鞠躬礼、见面行鞠躬礼、端正姿势、茶道等。

3. 德育教育

志愿者老师主要是通过讲故事、讲解儒家伦理及做家务等方式对经典诵读儿童进行德育教育。

(1) 讲故事

一般在拜孔之后,志愿者老师开始给儿童讲故事。这些故事主要是一些有关德育、激励方面的古代故事,如孔融"三岁让梨"、匡衡"凿壁偷光"、车胤"萤火聚光"、"吴札送剑"等,也有一些近现代故事及寓言。通过这些生动的故事,让儿童们在增长见识的同时,提高他们参加经典诵读活动的兴趣,并从中接受到德育教育。

(2) 灌输儒家伦理

志愿者老师通过讲解一些儒家经典,尤其是《弟子规》中有关儒家伦理的内容来教育儿童要做到"出必告,返必面""凡出言,信为先"等。

(3) 布置儿童做家务

要求经典诵读儿童每天在家里至少做一件家务,包括"为父母开门""收衣服""摆碗筷""洗衣服""自己叠被子""帮妈妈洗菜"等,并把自己所做的家务写下来,周末时交给志愿者老师检查并打分。

(二)举行各种会议

1. 师资培训会

尽管说只要会拼音,任何人都可以带儿童诵读经典,儿童自己也可以自拼自读。但是,要想开展好经典诵读活动,还是需要一定的理念和方法的,尤其是经典诵读内容扩展之后。因此,鼎佳经典诵读班的组织者会邀请一些专家(这些专家包括一些学者,也包括一些私塾老师)来各个经典诵读点进行讲学、给经典导读班的志愿者老师上培训课、给全体师生做演讲等。此外,鼎佳经典诵读班的组织者有时也会通过播放中华文化经典诵读宣传光盘进行师资培训。

2. 家长会

在每次的周末诵读经典时,不少家长都亲自送孩子到经典诵读活动场所。当这些孩子在志愿者老师的带领下开始诵读儒经文化经典时,一些家长就走了,另一些家长则留下来协助志愿者老师指导儿童们诵读经典,一般要"易子而教"以达到更好的诵读经典效果。到下午时,志愿者老师就让儿童自己诵读经典或看课外书,而志愿者老师和家长们则到隔壁的活动室或教室等,进行儿童经典诵读经验交流,或者交流自己诵读经典的体会和经验,或者观看名家讲座和经典诵读教育宣传片并进行讨论。

3. 总结会

每年 D 区的各个经典诵读班所有的志愿者老师会召开各导读班寒假诵读经典、暑假诵读经典、周末诵读经典活动的总结会。在开总结会时,他们还常常邀请山东、江苏等地的私塾老师来参加,交流各自的教学经验,共同成长。

4. 联欢会

如迎教师节联欢会、迎中秋联欢会等。再就是家长交流会,

第二章　基层社会经典诵读活动的兴起与发展——个案介绍

主要是让经典诵读儿童的家长聚在一起交流儿童诵读经典的经验以及家长诵读经典的体会。

（三）开展国学沙龙活动

自从华山经典诵读学校成立，张校长不仅负责华山经典诵读学校的各种经典诵读活动，也负责华山国学会馆的活动并招收更多会员，并在会员中开展国学沙龙活动。

国学会馆的会员主要有：华山经典诵读学校所有员工（万博士、杜老师、龙员工、苏员工、李员工、伊老师、章员工等）、义工（阳教授、朱博士、王研究生、阳大学生、宫大学生等）、一些中医及古乐爱好者、若干位家长等。

国学沙龙的主要内容有以下几点。

1. 国学讲座

华山经典诵读推广组织者邀请全国各地的专家学者到华山国学会馆为国学沙龙参与者做国学讲座，让这些会员更深入地学习儒家文化经典，传承中国传统文化。同时指导会员们躬身力行，以艺论道，参与华山国学会馆的教育实践，探索国学教育的方法。

2. 学者雅集

学者雅集包括开展定期的琴人雅集，习练书法，进行杨式太极拳教学。

3. 沙龙座谈会

每个周日的9点30分至11点30分，华山经典诵读学校都会举行国学沙龙座谈会。他们每周制定一个沙龙的主题[①]，就当代大学生共同关注的生存、生活和生命问题，从传统文化角度切入，进行探讨。

[①] 如2008年下半年国学沙龙的主题有：正确对待中国传统文化，建立中国传统文化的世界观，古琴欣赏，茶道赏析，汉字与中国文化，积极的大学生活，自强不息的人生态度，现代大学生和孝道，《大学》之道，中西方文化观照，《论语》，杨氏太极拳十三式，《中庸》之道，《周易》与中国传统文化，《道德经》的世界观，禅定的人格，等等。

(四) 传统文化体验

设在华山经典诵读学校的"传统文化体验中心"实际上是华山组织与旅游局合作开发的一个D区最有文化特色的地方之一。D区有孔庙、科举博物馆、秋霞圃等著名景点，一般来H市的游客都会来D区参观旅游。华山经典诵读学校位于古色古香的别墅群内。张校长认为有必要通过其他途径让中外游客能够深刻地体会到中国传统文化的内涵，因此他们开辟了这个传统文化体验活动：当游客到达华山经典诵读学校时，他们的员工向游客们表演中国茶道、演奏古乐（如古筝、古琴等）、展示各种古代乐器、讲述各种古代乐器的深层文化内涵①。这一活动让许多游客，尤其是外国游客留下了深刻的印象，他们无不惊叹于中国传统文化的深厚底蕴。这一点正是让华山经典诵读学校的张校长最引以为豪的，她说："传统文化体验中心的特色在于，它的目的不是为了给游客看'死'的古代建筑物，让游客走马观花地看一下东西或买一个实物，而是为游客开拓一个可以体验中国传统文化内涵的旅游项目，

---

① 如在讲述古琴时，该校伊老师从对"乐"字的繁体字（"樂"）解字开始，乐字上面部分中间是个"白"字，代表日出头，即太阳出来了，意指白天，黑字的古体是月亮从土地升上来，火（指太阳）沉下去。乐字上面部分两边是"丝"，加"白"意指白色的丝线，古代是用丝来做弦，白色代表"天"，古琴体是深黑色，代表"地"。琴前有13个白点，称为"徽"，12个代表一年12个月，第13个代表闰月。弦长3.65尺，代表一年365天。琴宽6寸，代表六合。琴前宽后窄，代表尊卑。琴的上面是圆、弧形，下面是方，代表"天圆地方"，代表天地。前面代表男，后面代表女，且有八卦四象说和四面八方说。琴分上下体，上下的重量比值是0.618，是黄金分割点。琴头上部被称为"额"，也大致代表头，往下是脖子。额下端镶有用以架弦的硬木，称为"岳山"或"临安"，用于承弦。琴宽且方代表男性，细腰且柔和代表女性。琴底有两个音槽，位于中间的较长，大约8寸，代表八面来风，被称为"龙池"；位于尾部的较小，大约4寸，代表四气应和，被称为"凤池"。这叫"上山下泽"，又有龙有凤，象征天地万象。琴还代表贵族的身份，一般只有贵族才能弹琴。古筝则是比较一般的人弹的。当年蔡邕还在一老妇人那里抢要一个正在烧的好的琴材料，后来这块材料做成的琴又被称为焦尾琴。琴有7根弦：虞舜时是5根，代表金木水火土；周文王为悼念他死去的儿子伯邑考，添上第6根；武王伐纣时为鼓舞士气，又添上第7根。

第二章 基层社会经典诵读活动的兴起与发展——个案介绍

让他受益,引发他们思考。这样,他们会认为,他们这个旅游来得多有价值!"

(五) 参与社区文化活动

鼎佳经典诵读班通过参加或代表其所在社区参加一些文化活动,为自己或社区委争取荣誉,这也是对社区免费提供经典诵读活动场所的一种回报。如经典诵读班于2008年9月25日至27日赴S省Y市参加第六届全国中华文化经典诵读优秀节目会演暨第三届国际经典小状元会考。在本次经典诵读小状元会考中,经典诵读班代表队有9位考生获得"小状元"称号,7位获得"童子秀"称号。选送的《妈妈·爱洒人间》节目荣获大会优秀节目会演特等奖。经典诵读班还荣获"全国中华文化经典诵读活动优秀集体"称号。

在鼎佳组织和华山组织所推广的经典诵读活动这一个案中,儒家传统复兴和全国经典诵读活动的背景对其确实有影响,但是我们也看到,如果没有这两个基层社会组织的积极推动,经典诵读活动在D区基层社会的兴起和发展也是难以想象的。基层社会组织如果缺乏足够的经典诵读活动场所、活动资金和时间,缺乏相当数量的内部参与者和外部支持者,缺乏能够有效动员民众参与活动的话语,则其经典诵读活动也难以扩大影响。所有这些物质、成员和话语等构成了经典诵读活动的资源。这样一来,资源因素在经典诵读活动中的影响就被凸显出来了。因此,接下来笔者将开始考察基层社会组织所能支配的物质资源、成员资源和话语资源,及其与经典诵读活动之间的关系。

第三章　当代中华文化经典诵读活动的资源动员

在 H 市 D 区的基层社会经典诵读活动兴起和发展的个案中，我们首先注意到 D 区两个基层社会组织——鼎佳组织和华山组织的手中已经拥有了一定的物质资源，儒家文化经典教材、经典诵读活动场所、活动资金、参与经典诵读活动的时间等，这些物质资源是开展基层社会经典诵读活动不可缺少的。由于经典文化教材的获得是比较容易的，因此我们主要考察鼎佳组织和华山组织是如何动员和获得经典诵读活动场所、活动资金和活动时间等物质资源的，以及这些物质资源对 D 区基层社会经典诵读活动兴起和发展的影响。

第一节　经典诵读活动兴起的经济背景

D 区基层社会经典诵读推广组织的物质资源的变化，与其所嵌入的经济背景有关。因此，我们首先从一个较为宏观的角度——D 区国民经济和居民收入水平的发展和变化来了解 D 区基层社会经典诵读推广组织的经济背景，以及这一经济背景对 D 区经典诵读活动在基层社会的兴起有怎样的影响。

一　D 区国民经济的变化

自 1993 年 H 市 D 区撤县设区以来，在建立和完善社会主义市场经济体制的大环境下，国民经济加快了发展步伐，经济总量不

第三章　当代中华文化经典诵读活动的资源动员

断增加（见图 3-1、图 3-2）①。

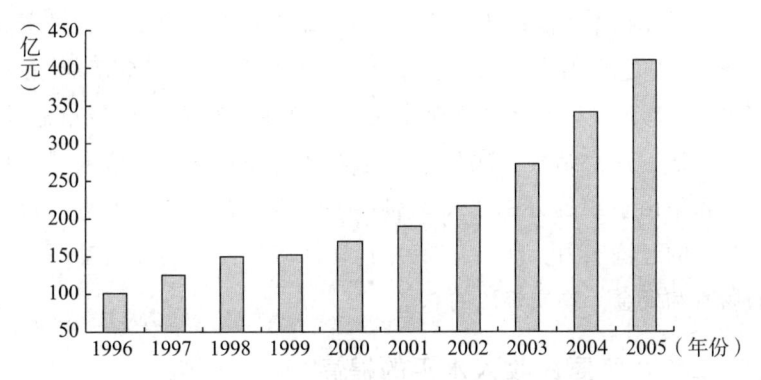

图 3-1　1996~2005 年 D 区国民经济增加值

资料来源：D 区概览，D 区统计信息网，http://tjj.jiading.gov.cn/jdgl/jjfz/jjfz.htm。

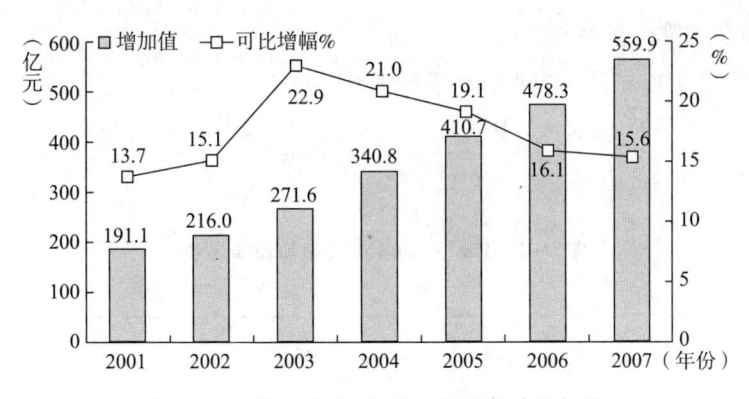

图 3-2　2001~2007 年 D 区国民经济增加值

资料来源：D 区 2007 年统计公报，D 区统计信息网，http://tjj.jiading.gov.cn/tjgb/tjgb2007.htm。

结合图 3-1 和图 3-2 我们可以清楚地看到，D 区自撤县设区以来，国民经济增加值迅速增长：从净增值来看，1993 年全区的

---

① 由于资料收集过程中获得的数据不够连贯，因此采用两个现成的图示来说明 D 区国民经济增加值的变化情况。

国内生产总值仅为37.8亿元①，到2007年已经上升为559.9亿元，是1993年的14.8倍；从增长率来看，2001~2007年，D区的国民经济增加值的增长率都超过13%，最低为13.7%，最高达22.9%。D区国民经济的高速发展，从总体上给D区的城市建设、人民生活、社会结构、文化发展等带来了深刻变化，增强了鼎佳组织和华山组织的外部支持力量——政府、企业、各类基层社会组织等的经济实力，间接地增加了D区当代经典诵读活动所需要的场所和资金等物质资源的总量。

二 D区居民收入水平的提高

自撤县设区以来，在整个国民经济迅速发展的环境下，D区居民的收入水平也开始不断地提高，主要体现在居民人均年收入和城乡居民储蓄存款余额两个指标上。

（一）居民人均年收入不断上升

自1993年以来，D区居民人均收入呈较快上升的趋势（见表3-1）。

表3-1 1993~2008年D区城镇居民收入

单位：元，%

年份	人均年工资	增长率	备注
1993	5467	10.8	扣除价格因素
……	……	……	……
2000	13859	12.2	据城镇居民住户抽样调查，本数据为城镇居民人均生活费收入
2001	14840	8.1	2001~2005年使用人均工资数据
2002	18012	17.4	—

---

① 王区长在H市D区第一届人民代表大会第二次会议上所做的政府工作报告（1994年3月2日）中的数据，http://www.jd-dangan.gov.cn/upload/htm/1994/nr/0301.htm。

第三章　当代中华文化经典诵读活动的资源动员

续表

年份	人均年工资	增长率	备注
2003	20006	11.1	—
2004	22106	10.5	—
2005	23604	6.1	—
2006	17268	10.4	2006年起D区开始采取城镇居民家庭人均年可支配收入数据，据抽样调查
2007	19770	14.5	城镇居民家庭人均年可支配收入，据抽样调查
2008	22241	12.5	城镇居民家庭人均年可支配收入，据抽样调查

资料来源：D区统计公报网，http://tjj.jiading.gov.cn/tjgb/tjgb.htm。

从表3－1可以看出，1993年撤县设区时全区职工人均年工资为5467元，扣除价格因素，比上年增长10.8%[1]。到2000年，城镇居民人均生活费收入上升到13859元，同比增长12.2%。2001～2005年，城镇职工年平均工资继续不断攀升，其中2001年为14840元，2003年突破20000元大关，2005年已达23604元，5年的平均增长率约为10%。从2006年开始，D区采用更能体现民生的收入指标——城镇居民家庭人均年可支配收入来统计居民收入及生活状况。其中，2006年全区城镇居民家庭人均年可支配收入17268元，比上年增长10.4%；2007年为19770元，比上年增长14.5%；2008年全区城镇居民家庭人均年可支配收入上升为22241元，比上年增长12.5%。

所有这些收入的指标表明，D区自撤县设区以来，尤其是进入21世纪以来，居民收入很快得到了提高。

（二）城乡居民储蓄存款余额逐年增加

自1993年，尤其是进入21世纪以来，D区城乡居民储蓄存款

---

[1] H市D区王区长在H市D区第一届人民代表大会第二次会议上所做的政府工作报告，1994年3月2日，http://www.jd-dangan.gov.cn/upload/htm/1994/nr/0301.htm。

余额逐年增加（见表3-2）。

表3-2 1993年、2000~2008年D区城乡居民储蓄存款余额

单位：亿元，%

年份	城乡居民储蓄存款余额	当年新增	增长率	备注
1993	20.9	—	—	
2000	99.9	5.8	6.2	比年初增加
2001	112.4	—	12.5	—
2002	150.2	37.8	33.6	
2003	197.4	47.2	31.4	
2004	224.0	27.0	13.5	
2005	265.0	39.0	17.2	
2006	316.3	48.9	18.3	
2007	319.5	3.2	1.0	
2008	423.0	—	32.4	—

资料来源：D区统计公报网，http://tjj.jiading.gov.cn/tjgb/tjgb.htm。

1993年，全区城乡居民储蓄余额仅为20.9亿元[1]；2000年末，全区城乡居民储蓄存款余额为99.9亿元，比年初增加5.8亿元，增6.2%；2001年末，全区城乡居民储蓄存款余额首次超过100亿元，达到112.4亿元，同比增长12.5%；2004年末，全区城乡居民储蓄存款余额首度超过200亿元，达到224亿元，当年新增27亿元，比上年增长13.5%；2006年末，全区城乡居民储蓄存款余额跨越300亿元大关，达到316.3亿元，当年新增48.9亿元，同比增长18.3%；2008年末，全区城乡居民储蓄存款余额超过400亿元大关，达到423.0亿元，比上年增长32.4%（见表3-2）。从这些数据来看，近几年来，D区的城乡居民储蓄余额每两年就突破

---

[1] H市D区王区长在H市D区第一届人民代表大会第二次会议上所做的政府工作报告，1994年3月2日，http://www.jd-dangan.gov.cn/upload/htm/1994/nr/0301.htm。

百亿元大关，势头相当迅猛。

综上，从 D 区的居民年收入和城乡居民储蓄存款余额的变化来看，自 20 世纪 90 年代，尤其是进入 21 世纪以来，D 区居民收入水平不断上升，家庭财富不断增加。在这种状况下，鼎佳组织和华山组织的每一个成员手中可支配的资金数量得以不断上升，直接提高了 D 区当代基层社会的经典诵读推广组织的资源总量。

第二节　经典诵读活动的场所资源及其动员

在了解 D 区的宏观经济背景——国民经济、收入水平和居民储蓄余额变化之后，笔者转向研究中观层面的因素——场所、资金、时间资源等经典诵读活动资源的直接变化。首先来看经典诵读活动场所的变化情况。

尽管经典诵读活动可以在任何场所进行，"地点几乎无所限制，不论讲堂、课室、办公室、会议室、客厅，甚至是树下，都可以作为读经教学的地方"[①]，但是，基层社会的中华文化经典诵读推广者提倡共同经典诵读，他们坚信共同经典诵读比单独经典诵读效果好，认为共同经典诵读可以激励儿童进行诵读比赛，也不至于让儿童觉得经典诵读乏味沉闷，而且还可以进行"易子而教"。因此，基层社会的经典诵读组织积极寻求合适的群体经典诵读活动场所。从经典诵读活动在 D 区基层社会的发展过程来看，基层社会组织动员了私人住宅、社区居委会、公立学校、希望小学、运动中心、阳光中心、敬老中心、禅寺乃至固定场所作为其开展经典诵读活动的场所，从而使他们所能掌握和利用的经典诵读活动场所资源越来越多。

---

① 王财贵：《文化熏陶、智能锻炼、人格完善——儿童经典诵读工程》，《吕梁教育学院学报》2007 年第 4 期。

一 私人住宅作为经典诵读活动场所

（一）私人住宅的变化

D区经典诵读活动起始于家庭经典诵读，即首先以私人住宅为经典诵读活动场所。私人住宅能够被动员成为基层社会经典诵读活动的重要场所之一，与私人住宅大环境的变化有关。

改革开放前和改革开放初，D区的私人住宅数量有限、面积狭小、功能混合，即使当时已经有儿童群体经典诵读的愿望，这样的私宅也很难成为群体经典诵读活动的场所。但是自20世纪末21世纪初以来，由于居民收入和家庭财富的普遍增加，以及D区政府对房地产业的大力推动，D区居民的居住条件有了很大的改观。据统计，2000~2008年，D区每年的商品房[①]开发面积越来越大（见表3-3）。

表3-3 2000~2008年D区商品房新开工面积

单位：万平方米

年份	商品房新开工面积
2000	90.3
2001	91.2
2002	169.3
2003	285.4
2004	500.7
2005	221.9
2006	210.2
2007	204.5
2008	186.3

资料来源：D区各类统计公报，D区信息统计网，http://tjj.jiading.gov.cn/tjgb/tjgb.htm。

---

① 商品房在不同时间段采用的提法不同：2000~2001年采用"住宅施工面积"，2002~2004年采用"商品房施工面积"，2005年至今采用"商品房新开工面积"。虽然计算方式有所不同，但总体上能够表明商品房施工面积的变化情况。

第三章　当代中华文化经典诵读活动的资源动员

由于商品房建设面积越来越大，以及居民手中的货币不断增加，D区居民私人住宅的数量越来越多（一些居民有多套私人住宅），面积也越来越大。据统计，1979~1991年，全区人均居住面积仅为8.75平方米[1]，到2000年末，城镇居民家庭人均住房使用面积已达16.7平方米（据城镇居民抽样调查），2008年，城镇居民人均居住面积达29.3平方米[2]。同时，住房结构也更趋合理，居室增多且功能分化，而且进入新世纪后一些高级住宅楼和别墅也拔地而起。

（二）对私人住宅的动员

私人住宅数量、面积、居住结构、居住环境的变化，并不等于私宅就自动成为基层社会经典诵读活动的场所。毕竟，私人住宅是居民的私人生活空间。这就需要基层社会的经典诵读推广组织者采取一定的策略去动员私人住宅成为经典诵读活动场所。实际上，这种动员并不复杂：基层社会的经典诵读推广组织者首先考虑的就是将自己的私人住宅变成经典诵读活动场所。这些组织者只要能够说服自己的家人，就可以把自己的私人住宅作为经典诵读活动场所。D区第一个家庭经典诵读班，就是尧奶奶这个经典诵读组织者在说服自己家人后在她小儿子的私宅里成立的。由于有自家的孩子参加经典诵读，其他儿童又都是熟人的孩子，因此私人住宅比较容易被动员成为经典诵读活动的场所。

但是，如果经典诵读推广组织者自己的住宅面积不大，或无法说服其家人，他们则要动员自己的朋友等熟人（往往也是参与经典诵读的儿童的家长）将私人住宅作为经典诵读活动场所。在D区第一个家庭经典诵读班成立后不久，由于不断有儿童加入，尧奶奶、翁奶奶和李奶奶计划成立第二个家庭经典诵读班。李奶奶和翁奶奶这两位组织者都希望能够在自己的私宅中成立第二个家

---

[1] 王扬明：《D区住宅建设3年变化初析》，《上海建设科技》1995年第4期。
[2] 《D区统计公报》，D区统计信息网，http://tjj.jiading.gov.cn/tjgb/tjgb.htm。

庭经典诵读班。但是，她们并没有说服自己的家人。因此，三位奶奶动员已经参与到尧奶奶家庭经典诵读班中的一位熟人家长——王妈妈在她自己的家里成立家庭经典诵读班，她们一起做王妈妈家人的思想工作，最后成功在王妈妈家中成立了第二个家庭经典诵读班。

私人住宅面积以及结构的变化，舒适、宽敞且相对独立的客房或书房，温馨的家庭气氛和亲密的熟人关系，以及私人住宅的相对隐蔽性（不容易受到来自官方的"检查"和媒体的"揭秘"）等特点，使私宅为儿童创造了良好的经典诵读环境[①]。

但是，以私人住宅为经典诵读活动场所面临许多问题：一是影响私宅主人的个人生活，毕竟私宅是私人的活动空间；二是一旦参与经典诵读活动的儿童数量多了，私人住宅就会显得空间狭小，虽然可以成立更多的家庭经典诵读班，但这样不利于统一开展经典诵读活动。

二 居委会作为经典诵读活动场所

随着参与经典诵读的儿童数量和家庭经典诵读班数量的不断增加，尧奶奶等经典诵读推广组织者开始动员社区居委会将他们的工作场所，主要是指文化活动室，作为他们的经典诵读活动场所。

（一）社区居委会的变化

1978年以后，H市的"革命委员会"统一改为"居民委员会"。1986年，H市政府颁发《H市城市居民委员会工作条例（试行）》，明确了居委会的工作任务，健全了居委会的组织机构。1990年，《中华人民共和国城市居民委员会组织法》正式实施，H市居委会建设逐步走上制度化、规范化、法制化的轨道。20世纪

[①] 当代中国许多经典诵读活动都在私宅进行，如上海孟母堂、娄底私塾、株洲私塾等，事实上，即使到今天，仍然存在大量以私人住宅为儿童群体共同诵读经典场所的现象。

第三章　当代中华文化经典诵读活动的资源动员

90年代中后期，H市成为"全国社区建设实验区"之一，实施"两级政府、三级管理"改革模式。2000年11月，国务院办公厅转发了《民政部关于在全国推进城市社区建设的意见》（中办发〔2000〕23号）。2007年，十七大提出积极推进基层民主建设。在这样的大环境下，H市社区建设加快发展步伐，居委会在城市生活中的地位日趋重要。D区的社区居委会的地位和作用进一步加强，对居民的文化需要也日益关注。如2005年D区投资8580万元建成DH镇、DJ镇街道、XZ新村街道3个社区文化活动中心（其中DH镇社区文化活动中心5000万元，DJ镇街道社区文化活动中心1300万元，XZ新村街道社区文化活动中心2280万元）①。在对文化重视的背景下，各个社区居委会开始建立文化活动室，并不断完善文化活动室的设施和设备。

（二）对居委会的动员

把社区居委会的文化活动室动员成为基层社会经典诵读活动的场所，要比动员私人住宅复杂得多。尽管社区居委会名义上是社区居民自治组织，但是它毕竟与一般基层社会组织不一样，可以将其视为一个具有官方背景的介于官方与基层社会组织之间的组织。因此，要动员这样一个场所，有时甚至要经过"上级"的同意。迄今为止，仍有些居委会成员认为基层社会经典诵读活动是或可能是"封建迷信"活动。

基层社会经典诵读推广者往往是社区居民之一，因此他们会利用本社区居民的身份，更重要的是以熟人身份或经有一定威信的熟人介绍（如果经典诵读儿童家长就是居委会成员，就更为方便了），与社区居委会成员尤其是主任进行交涉，说服他们借出文化活动室作为儿童经典诵读的活动场所。有时积极参与者甚至还要借助政府文件或熟人关系先从说服"上级"入手，打消作为

---

① 《D区概览·实事工程》，D区信息统计网，http://tjj.jiading.gov.cn/jdgl/ssgc/ssgc.htm。

"下级"的社区居委会成员的顾虑，从而将社区居委会文化活动室动员成为他们的经典诵读活动场所之一。

到2004年，鼎佳组织从明悦居委会获得了第一个文化活动室作为经典诵读活动场所；到2008年，他们已先后将四个社区居委会——明悦居委会、佳福居委会、佳丰居委会和丰景居委会的文化活动室作为经典诵读活动场所。

D区社区居委会文化活动室成为经典诵读活动场所，满足了基层社会经典诵读群体活动的场地要求。一是文化活动室的空间比较大，可以容纳多达20多名儿童共同诵读经典。二是文化活动室的设备、设施，非常适合儿童共同诵读经典。从我们考察的几个社区居委会文化活动室来看，这些文化活动室都安装了空调、电风扇、音响、水电、桌椅、黑板（或白板）等设施。三是居委会重视开展文化活动，而基层社会经典诵读活动本身就是一种文化活动。

但是，随着参与经典诵读活动的儿童人数的继续上升，文化活动室仍然不能满足经典诵读班的需要。一般来说，居委会只能提供一个教室（文化活动室），只能容纳20名左右的儿童，最多不超过30名，而经典诵读班的儿童存在年龄不同、身高不同、学习程度不同等差异，因此有必要对他们进行分班教学，而一个社区文化活动室显然是不能满足这个要求的。

三　体制内学校作为经典诵读活动场所

鼎佳组织又在前文所述的基础上继续寻找新的经典诵读活动场所。他们认为小学和幼儿园的教室是最合适的场所。因为对于狭义的基层社会经典诵读来说，他们的主要教育对象，是3~13岁的儿童，相当于幼儿园、小学的学生，而幼儿园、小学学校的教室空间、课桌椅正好适合儿童们使用和就座，再加上学校拥有黑板、粉笔、食堂、电源、水源、课外活动场所等，这些有利的条件使中小学和幼儿园的教室成为基层社会经典诵读活动的重要潜

第三章　当代中华文化经典诵读活动的资源动员

在场所。

（一）学校的变化

D区共拥有中学31所、小学23所[①]。众多的中小学拥有大量的教室，这样的教室及其有关设备无疑是适合儿童集体诵读经典的。学校场所资源对基层社会经典诵读活动的影响并不在于教室数量的上升和设施设备的完善，而在于其在周末和节假日时间处于闲置状态。在1995年实行双休日之后相当长的一段时间内，为追求升学率，各个中小学都利用周末和节假日时间进行收费补课，教室在任何时段都难有闲置，因此当时教室基本上没有可能成为经典诵读活动场所。近几年来，如2006年6月D区教育局发布《关于严禁举办以中小学学生为对象的各类收费补习班的通知》，严禁各中小学"以任何形式在中小学举办以中小学生为对象的收费补课、补习班"。在周末、节假日和寒暑假期间，教室处于闲置状态。

（二）对体制内学校的动员

鼎佳组织的组织者是如何动员这些学校成为基层社会经典诵读活动场所资源的呢？事实上，基层社会的经典诵读推广组织者是利用熟人关系找到校长进行动员。但是，教育局不仅反对中小学收费补课，也反对任何社会力量在中小学中针对中小学生进行收费补课和开办补习班。然而，鼎佳组织的组织者声称他们的经典诵读活动并没有收取任何费用。因此，一些认同经典诵读的校长同意他们将教室作为开展儿童经典诵读活动的场所。2007年，他们就在英远小学里开展经典诵读活动。但是，2008年，教育局认定他们的经典诵读活动为"变相补课"，于是英远小学的校长只好"请"他们离开学校。

在这样的情况下，叶负责人又开始找景保希望小学。景保小学的校长认同经典诵读，她就带自己的女儿诵读经典。由于希望

---

① 《D区2008年统计公报》。

83

小学的特殊性（与一般体制内中小学有所不同），因此"教育局领导就睁一只眼闭一只眼"（叶负责人语）。于是，景保希望小学成为鼎佳经典诵读班最大的活动场所，开设了三个经典诵读班。

体制内学校是最适合进行经典诵读活动的地方之一，然而，体制内学校受教育局的管辖，与这些学校打交道往往也得与教育行政部门打交道，而教育行政部门对基层社会经典诵读活动态度的模棱两可甚至反对，使学校教室成为基层社会经典诵读活动不稳定的场所资源，从而使基层社会经典诵读活动具有许多不确定性因素。

四 公益组织场地作为经典诵读活动场所

社区居委会和体制内学校多多少少具有一定的官方背景，要动员这类场所资源不是很容易。许多居委会认为经典诵读活动就是在搞"封建迷信"，中小学则担心自己被扣上"变相补课"的帽子。因此，鼎佳组织又开始试图寻找新的经典诵读活动场所。公益组织场所成为新的目标场所资源，因为这些地方较少受行政部门的管辖，又多有条件较好的文娱活动室，适合用作经典诵读活动场所。

（一）公益组织场所的变化

D区有不少公益组织，近年来由于经济的发展和政治环境的宽松，许多公益组织开始不断地成立，一些实力雄厚的企业和企业家也开始重视"回报社会"，在这种环境下，许多具有相对独立性的公益团体的场所，如阳光中心、敬老中心、禅寺等成为基层社会经典诵读活动的重要场所资源之一。

从2007年到2009年，D区基层社会的经典诵读组织已经先后动员禅寺、运动中心、阳光中心、敬老中心等公益组织成为它们的活动场所。

（二）对公益组织场地的动员

鼎佳经典诵读推广组织者利用私人关系、自身活动的公益性

第三章　当代中华文化经典诵读活动的资源动员

质、活动对文化传统的弘扬等特点，与公益组织场所的拥有者进行沟通，动员这些场所成为为其所用的经典诵读活动场所。

鼎佳经典诵读推广组织者找到晁望寺①。晁望寺历来坚持弘扬佛教"庄严国土，利乐有情"的精神，曾捐资 50 万元设立 D 区遗体捐献基金，并经常开展"春节敬老慰问活动"等，2008 年还捐款救助南方雪灾。由于它坚持公益事业和注重心灵家园的建设，以及它有相关的活动场所，因此也是经典诵读活动的潜在场所之一。鼎佳组织的组织者利用熟人（尧奶奶是一个佛教居士）关系，成功把晁望寺动员成他们的一个经典诵读活动场所，成立晁望爱心学校，并由尧奶奶任"校长"。

鼎佳经典诵读推广组织者通过熟人关系找到佳方阳光之家。阳光之家是致力于为智障人士开展公益性服务的组织。其良好的公益服务精神、逐渐完善的活动场所和设施，也与经典诵读活动的目标具有相同的地方，因此他们愿意把自己的场所提供给积极参与者使用，共同促进公益事业的发展。

鼎佳经典诵读推广组织者还找到"乐林敬老中心"。"乐林敬老中心"是浙商王老板 2007 年创办的一家非营利性餐厅，最初旨在解决附近 10 多个社区家中无人烧饭煮菜的老年市民的吃饭难问题，后来继续增加了其他公益性服务项目，现还设有多功能活动室、阅览室、棋盘、洗浴、健身等服务设施，成为老年人修身娱乐的好场所。"乐林敬老中心"这种重视文化传统和公益事业的氛围，以及良好的活动场所，成为鼎佳组织理想的经典诵读活动场所之一。

由于公益组织多重视中国传统道德、致力公益和慈善活动，与经典诵读推广有许多共同之处，他们很容易支持开展志愿活动的经典诵读推广积极参与者，愿意无偿提供经典诵读活动场所。

---

① 晁望寺，始建于 1186 年，距今有 800 多年的历史。历来香烟缭绕，梵音不绝。今划用地三十余亩，建成后的寺院为明清建筑风格，雅致不俗，融佛教文化与艺术鉴赏于一体，是十方善男信女祈福的道场、心灵的家园。

这种场所资源的大量存在和容易获取，无疑是非常有利于基层社会经典诵读活动的发起和发展的。

虽然基层社会的经典诵读推广组织能够成功地动员私人、社区居委会、小学和各种公益组织为它们提供经典诵读活动场所，但是这些场所毕竟不是它们所拥有的。这种"借用"状况使基层社会经典诵读活动有一定的被动性。如基层社会经典诵读活动场所由佳福社区居委会转到丰景社区居委会，由英远小学迁往英远运动中心和景保希望小学，又由景保希望小学迁往乐林敬老中心、佳敬阳光中心。这种"朝不保夕"的现状对基层社会经典诵读推广活动是不利的。

五　专用场地作为经典诵读活动场所

正因为看到鼎佳组织经典诵读活动场所"流动性"的不足，于是华山组织试图拥有一个专用的场所，以便更好地发展经典诵读教育、弘扬传统文化。

（一）专用场地

2008年6月，华山组织拥有了自己的第一个专用的经典诵读活动场所，即拥有包括四栋别墅、面积达2000多平方米的江登别墅群。在这个别墅群里有许多房间，可以用作办公室、教室、会议室……这一别墅群有着古色古香的建筑风格，地处具有传统文化氛围的众多景点之中，有号称"吴中第一"的孔庙、始建于南宋的华法塔、展示中国科举制度整个历史的科举博物馆、始建于明代的古典园林秋霞圃、始建于南朝的兴悟寺，还有一条专门出售传统服装和器具等的传统文化步行街。这些场所具有一种古典之美，对于弘扬传统文化活动而言是一个非常好的场所。

（二）专用场地的动员

获得江登别墅群这样一个得天独厚的经典诵读活动场所，既是华山组织成员积极寻求的结果，也有一定的偶然性——华山组织的张校长称之为"缘分""功德"。张校长本来想去一个成本不太高的城市租借一个小的地方先办经典诵读学校,然后再把规模逐渐扩大。但是,她被一个熟人——海佳投资公司的总经理委托去 D 区海佳养老院开展管理工作,她将"文化内涵"融入养老工作中,受到公司总经理的赏识,于是总经理决定将 D 区四栋别墅全部租下,并支持她开展社会性的传统文化弘扬活动。就这样,这一别墅群成为 D 区基层社会经典诵读活动的一个专用场所。

六 经典诵读活动场所与基层社会的经典诵读活动

近几年来,鼎佳组织和华山组织先后动员了私人住宅、社区居委会、体制内小学、禅寺、运动中心、阳光中心、敬老中心等地方作为经典诵读活动场所,甚至拥有了一个专用的经典诵读活动场所。经典诵读活动场所的获得以及经典诵读活动场所的特点,有利于经典诵读活动在 D 区基层社会的开展。

第一,经典诵读活动场所的充分获得及其实用性,解决了群体诵读经典的场地问题。一定的活动场所,是群体活动、社会团体生活的必要条件。没有或缺乏足够的活动空间,基层社会经典诵读活动只能局限为个体诵读经典。如此一来,经典诵读活动将难以进一步推广,其社会影响必将有限,规模也不可能扩大。

这些经典诵读活动场所对儿童群体诵读经典的实用性特点,也有助于开展经典诵读活动。居委会文化活动室、小学教室、运动中心、阳光中心、敬老中心等之所以特别受基层社会的经典诵读组织的欢迎,是因为这些场所拥有桌椅、音响、电风扇等设备、设施,适合 3~13 岁的儿童共聚一室参加经典诵读教育活动。

第二,共同的活动场所还增加了群体活动的凝聚力。学者们已经注意到同一空间使参加群体活动的人们之间的接触和交往更频繁①，而这种共同空间导致的频繁交往和接触，能够增加群体的凝聚力（这是"凝聚力理论"的一个核心论点）②，从而增加集体行动的动员潜力③。因此，鼎佳组织和华山组织所获得的经典诵读活动场所，不仅简单地满足了D区基层社会经典诵读活动的场所需要，而且这些组织的成员在共同的活动场所中，因频繁互动而产生一种增加群体活动次数的凝聚力，有助于协调彼此行动，从而共同推动D区经典诵读活动的开展。

第三，活动场所的公益性和文化性特点，有助于基层社会经典诵读活动的开展。齐美尔曾指出，如果围绕某个建筑物形成一组特定的社会关系，那么前者将在人们的互动中充当重要的、具有社会学意义的枢纽④。齐美尔的这一思想在城市学、人文地理学、小团体生态学和环境心理学的研究中得到了广泛的应用⑤。

D区的经典诵读活动场所，尤其是禅寺、阳光中心、敬老中心等，体现出一种明显的公益气息，在这些场所中开展经典诵读活

---

① Case, F., Duncan, "Dormitory Architecture Influences," *Environment and Behavior* 13 (1981): 23-41.
　　Michelson, William, H., *Man and His Urban Environment: A Sociological Approach*. Reading, M.A: Addison-Wesley, 1976.
　　Whyte, Willian, H., *Organizational Man*. New York: Boubleday, 1956.
② 〔美〕赵鼎新:《社会与政治运动讲义》，社会科学文献出版社，2006，第249页。
③ Gould, Roger, V., *Insurgent Identities: Class, Community, and Protest in Paris From 1848 to the Commune*. Chicago: University of Chicago Press, 1995.
　　Mann, Michael, *The Sources of Social Power, Vol. 2: The Rise of Classes and Nation-States*, 1760-1914. Cambridge: Cambridge University Press, 1993.
　　Tilly, Charles, *The Vendee*. Cambridge, Mass: Harvard University Press, 1993.
　　Bezucha, Robert J., *The Lyon Uprising of 1834: Social and Political Conflict in the Early July Monarchy*. Cambridge, Mass: Harvard Universty press, 1974.
　　Aminzade, Ronald, *Ballots and Barricades: Class Formation and Republican Politics in France*, 1830-1871. Princeton: Princeton University Press, 1993.
④ Spykman, Nicholas J., *The Social Theory of Georg Simmel*. New York: Atherton Press, 1964.
⑤ Dingxin Zhao, "Ecologies of Social Movements: Student Mobilization During the 1989 Pro-democrcy Movement in Beijing," *American Journal of Sociology* 103 (1998): 1493-1529.

动，有助于弘扬经典诵读活动的公益精神①。在这些活动场所中，尤其是社区居委会文化室、体制内小学、禅寺、古色古香的江登别墅群等场所，甚至包括 D 区这样一个充满传统文化底蕴的地方，都显示了这些活动场所的文化性，而这些文化性尤其是传统文化底蕴，有利于使经典诵读参与者耳濡目染地接受传统文化和民族精神教育。

综上，经典诵读场所的公益性和文化性特点与基层社会经典诵读自身的性质和所提倡的精神相一致，因此，这类空间更有助于经典诵读活动的开展和发展。

第三节　经典诵读活动的资金及其动员

经典诵读活动不仅需要场所，也需要资金，因此需要进一步了解经典诵读活动的资金情况及其来源，以及资金资源对基层社会经典诵读活动的影响。通过调查笔者发现，D 区基层社会经典诵读活动在最初阶段几乎不需要任何资金，但随着时间的推移和规模的扩大，基层社会经典诵读活动的经济成本呈上升的趋势。

---

① 如乐林敬老中心经典诵读班的导读老师通过介绍该中心王老板的"事迹"来激发孩子们的公益精神和奉献精神。改革开放后，王老板从浙江来到 D 区开设酒家，事业逐渐兴盛，于是他做了许多公益工作，以回报社会。王老板 20 岁时父亲病故，几年前年逾七旬的母亲患病去世，子欲养而亲不待，他为此深感悲痛。王老板的乐善好施来源于他对中国传统文化的信奉与向往。他说，老吾老以及人之老，人都是会老的。2007 年 4 月，他亲自筹划举办了为期一个月的"天象农家庄大型敬老活动"，耗资近百万元。活动期间，每天上午安排大巴分批到各街道、社区和村委等指定地点，先后将近 9000 名老人接到"天象农家庄"。中午设宴款待老人，并赠予每位老人一份礼品。午后由医务人员为老年人进行免费体检，然后再请老人们坐进临时搭建的农庄露天剧场，欣赏浙江越剧之乡嵊州越剧团为老人们演出的《红楼梦》《西厢记》《何文秀》《白蛇传》《五女拜寿》等传统越剧。每天活动结束后，仍用大巴将老人们分批送回原址。在整整一个月里，为老年人营造了一个良好的文化环境，丰富了老年群体的精神文化生活（银发服务网，http://www.yinfafuwu.com/zzcontent.asp? zzid = 625。此处对原文做了一定的编辑）。

❥ 经典诵读的社会动员机制 ❦

一 经典诵读活动成本的上升

从 D 区最初的家庭经典诵读班来看,开展经典诵读活动所需的资金基本上可以忽略不计。经典诵读儿童只要人手一两册经典文化教材就可以进行"经典"诵读。他们最先使用的《弟子规》是尧奶奶在参加一个经典诵读推广演讲会上免费获得的;参加经典诵读的儿童人数增加后,尧奶奶(信仰佛教的居士)又从一些佛教人士和佛教团体那里获得了许多《弟子规》教材——都是非正式的出版物;经典诵读活动场所则是尧奶奶自己的私人住宅(后来又增加了王妈妈的私人住宅),无须支付场地租金和水电费;经典导读老师是尧奶奶、翁奶奶和李奶奶等家长,无须支付酬金。因此,D 区最初的家庭经典诵读班开展的经典诵读活动可以说不需要任何资金成本。

当 D 区经典诵读活动由家庭经典诵读班阶段发展到社区经典诵读班阶段时,经典诵读活动成本开始有所上升,但其成本仍然很低:鼎佳组织开始购买正规出版的经典文化教材《弟子规》《论语》《易经》,以及经典诵读推广演讲宣传光盘等,但这方面的资金支出仍然不多;经典诵读活动场所由社区居委会免费提供,水电亦免费使用;经典文化志愿者老师仍然是由热心家长担任。

但是,随着基层社会经典诵读活动形式的多样化,以及开辟社区居委会以外的经典诵读活动场所后,鼎佳组织开展经典诵读活动和儿童参加经典诵读活动所需要的各项开支越来越多,资金成本越来越高。

1. 经典诵读组织开展活动的成本的上升

从 D 区基层社会的经典诵读推广组织——鼎佳组织与华山组织的角度来看,其项目资金开支和数量不断增加。归结起来,鼎佳组织和华山组织的生存成本及开展经典诵读活动所需要的开支主要有以下几点。

第三章　当代中华文化经典诵读活动的资源动员

（1）经典诵读活动场所租金

为了让更多儿童从经典诵读中"受益"，鼎佳组织加大经典诵读活动宣传和动员力度，并在英远小学、景保希望小学、晁望寺、英远运动中心、佳敬阳光中心、乐林敬老中心等地点成立新的经典诵读班。在这些地点成立的经典诵读班，儿童人数都比较多（如周末在景保希望小学的经典诵读班有三个，儿童人数最多时达50人），众多的儿童必将使用大量水电，因此虽然他们开展的是公益活动，但仍然需要一定的资金用以支付水电开支，只是这些开支多以租金的名义支付。如在景保希望小学三个教室开展经典诵读活动景保经典诵读班需要支付每月150元的租金，以一年耗时8个月计算，他们一年需要交1200元的租金给希望小学。此外，华山经典诵读学校和华山国学会馆租用了四栋别墅（共20年），每年的租金数额更是巨大。

（2）老师酬金

由于鼎佳经典诵读班的导读老师多为家长，不是专业老师，因此为了让儿童能够得到更好的经典诵读教育，在寒暑假期间，鼎佳组织会寻找一些比较有经验的专职老师，尤其是私塾老师来给儿童上课，而这些专职老师和私塾老师是需要支付酬金的。

对于华山经典诵读学校来说，它有自己的正式员工（也称为"老师"），需要支付工资；同时，它需要聘请专业的古琴老师、古筝老师、武术老师等来给学员上课，也需酬金。

（3）资料费

此"资料"概念的内涵较为宽泛，主要是指鼎佳组织和华山组织拥有的图书、磁带、光盘、名画等资料，以及教学中使用的CD机、粉笔、毛笔、纸、磁铁等用具和耗材。

以鼎佳组织为例，他们购买的图书主要包括经典文化教材和各种课外读物〔多为历史书，如《明朝那些事儿》（358元/套）、《资治通鉴》、《史记》等〕，这笔开支不是个小数目。

(4) 活动费

D区的基层社会经典诵读活动并不限于"诵读经典",还开展了其他活动,如迎中秋晚会、祭孔表演、邀请专家学者讲学、师资培训、夏令营等。这些活动费都需要由D区的经典诵读组织支付。

2. 儿童参加经典诵读的成本的上升

从经典诵读儿童或者他们家长的角度来看,D区儿童参加经典诵读活动所需要的费用也在增加(见表3-4)。

表3-4 经典诵读儿童需要支付的资金

	支出项目	支出金额	备注
周末班	鼎佳经典诵读班半日制周末班	免费	D区鼎佳大部分的经典诵读班(明悦经典诵读班、佳福经典诵读班、佳丰经典诵读班)均为免费导读班
	鼎佳经典诵读班全日制周末班	20元/天	含场所租金和一个午餐
	华山经典诵读学校全日制周末班	90元/天	360元/月(4周);1350元/学期(15周)
暑假班	D区鼎佳经典诵读班暑期全日制周末班	20元/天	含场所租金和一个午餐。若每周六和周日均参加全日制经典诵读,则一个月(以4个星期计)费用为160元
	宁波王财贵经典诵读学校(暑期私塾班)	3000元/人	每个暑期
	西州传统文化学校(暑期私塾班)	7600元/人	每个暑期
教材	《学庸论语》	18元	包括《大学》、《中庸》、《论语》(全书)。书+3张CD=54元
	《易经》(全书)	21元	附《系辞卦传》全文。本书+3张CD=57元
	《孝弟三百千》	15元	包括《孝经》《弟子规》《三字经》《百家姓》《千字文》《座右铭》《朱子治家格言》《女史箴》《笠翁对韵》《诗品》《常礼举要》,以上皆为全书。书+3张CD=51元

第三章 当代中华文化经典诵读活动的资源动员

续表

	支出项目	支出金额	备注
教材	《老子庄子选》	16元	包括《老子》（全书）、《庄子选》。书+3张CD=52元
	《孟子》（全文）	27元	书+5张CD=87元

表3-4表明，儿童参加经典诵读班的费用主要有以下几项：学习费用、午餐费、教材费、其他活动费等。

(1) 学习费用

从表3-4可知，如果D区儿童参加的是鼎佳周末经典诵读班或寒暑假周末经典诵读班，则不需要支付任何学习费用。但是，如果进入私塾，如D区的丰景寒暑假私塾、宁波王财贵学校（D区一些家长将孩子送去那里学习，学费是一个暑假3000元）、西州传统文化学校（D区也有一些家长将孩子送去西州学习，学费7600元/暑假）学习，那么学习费用就不是每个儿童家庭都能够承受的了。但是，由于许多家长都担心自己的孩子"输在起跑线上"，因此不少家长都走上送孩子到私塾进行经典诵读之路（仅在寒暑假期间），其结果无疑是儿童学习费用的提高。

(2) 午餐费

从鼎佳组织的周末全日制经典诵读班来看，经典诵读儿童需要在经典诵读活动场所用午餐，因此需要支付午餐费。由于周末全日制经典诵读班还涉及租用经典诵读活动场地的费用，因此每个儿童需要支付20元（包括午餐费和场地租金）。

(3) 教材费

经典诵读儿童最早使用的经典文化教材《弟子规》乃至《论语》都是免费获取的。但是随着经典诵读儿童人数的增加，免费教材数量已经难以满足所有儿童的需要。而且，经典诵读推广组织认为儿童诵读的经典越多越好，于是儿童需要拥有更多的经典文化教材，从而使教材费开始上升。如果单单购买《弟子规》《论语》《易经》等教材，每本也就是几元、十几元，最多几十元；但

93

是如果要购买蒋庆编撰的《中华文化经典基础教育诵本》全套则需要支付100元,购买北京育灵童儿童教育研究中心与北京师范大学古代文学研究所联合制作的《儿童经典诵读-中西文化经典套装》全套需要460元[1],购买王财贵编撰的全套经典教材需要528元[2]。

(4)其他活动费

除了"诵读经典"外,D区基层社会的经典诵读推广组织还开展各种有关儿童经典诵读的活动,如夏令营、放生等,这就要求参加有关活动的儿童支付一定的资金。

因此,不论是对D区基层社会的经典诵读推广组织,还是对经典诵读儿童来说,随着经典诵读活动的不断发展,参加经典诵读活动的费用都呈上升的趋势。

二 活动资金的管理策略

随着经典诵读活动在内容和形式上的扩展,参加经典诵读活动所需要的资金成本越来越高,这种趋势显然不利于基层社会经典诵读活动的进一步发展。然而,尽管D区基层社会经典诵读活动的成本越来越高,但参与经典诵读活动的人员却越来越多。那么,鼎佳组织和华山组织究竟是通过什么办法消除成本上升的障碍,促进基层社会经典诵读活动进一步发展的呢?这就涉及基层社会经典诵读推广组织对活动资金的管理策略问题了。笔者通过

---

[1] 北京育灵童儿童教育研究中心和北京师范大学古代文学研究所编订的《育灵童经典诵读》套装价格更高,达2670元。其中《育灵童经典诵读》(家长版)390元,《育灵童家庭教育第一方案》680元,《育灵童经典诵读教学版》1600元。

[2] D区经典诵读班偏向购买王财贵编撰的教材,以该教材为例:购买《弟子规》(《孝弟三百千》)需15元;《弟子规》+《论语》(《学庸论语》18元)需33元;《弟子规》+《论语》+《老子》(《老子庄子选》16元)需49元;《弟子规》+《论语》+《老子》+《孟子》(《孟子》27元)需76元;如果想购买全套教材,则需要资金达528元。

第三章　当代中华文化经典诵读活动的资源动员

调查了解到，它们主要通过降低经典诵读活动的成本和增加组织自身资金的方式（"节流开源"）来缓解经典诵读活动成本上升带来的不利影响并加快经典诵读活动的发展。

（一）降低经典诵读活动的成本

尽可能地降低参加经典诵读活动的成本，让各个阶层的儿童和成人都能够参与其中，这是基层社会组织首先要解决的问题。毕竟，高成本的经典诵读活动只能演变成一种贵族式的经典诵读教育和文化活动，难以实现其扩大经典诵读教育影响，让更多人从经典诵读中受益的初衷。

D区鼎佳组织和华山组织主要通过开展非营利性活动来减少自身参与经典诵读活动的成本。

1. 采用家长自助的方式

鼎佳组织作为家长联合体，其活动往往是家长们（当然，主要是热心的家长）一起商量决定开展什么活动、请些什么人等事宜。因此，经典诵读班的各项活动所需要支付的费用大多是家长们按AA制方式来筹集的。这些家长共同出资举行晚会、邀请专家学者讲学、购买或提供课外书、共同支付场所租金、购买上课用具等。因此，基层社会经典诵读活动的资金具有家长自助的性质，这种自助可以分散活动资金的压力，并利于节约各项开支。

2. 坚持公益活动方向

D区基层社会经典诵读活动是一种公益活动，不向组织成员收取任何报酬。为了真正做到公益性，组织成员要尽可能通过各种途径，动员个人和其他组织免费或低费提供经典诵读活动场所，并动员热心家长和义工担任经典诵读班的志愿者老师。虽然有时也会聘请私塾或体制内学校的老师来做经典诵读班的导读老师，但这仅限于寒暑假期间，且酬金并不高，有一定的公益性质。

通过自助式、公益性等方式可以减少经典诵读活动的经济成本，从而让各个阶层的儿童都能有机会接受经典诵读教育。但是，为了让经典诵读儿童能够接受更好的教育，必然要开展更多内容和形式的经典诵读活动；同时，基层社会的经典诵读推广组织为了扩大经典诵读的影响力和影响面，让更多人从中受益，也需要更多的资金进行宣传和动员。因此，基层社会组织还要通过各种途径增加自身资金的占有量，为开展基层社会经典诵读活动准备更多的经济资源。

（二）增加组织自身的活动资金

鼎佳组织和华山组织自身的活动资金来源主要有三部分：一是组织内部成员的个人资助，二是向受教育者收取一定的费用，三是接受外部资金。

首先是组织内部成员的个人资助。由于D区国民经济的快速发展，以及居民收入及家庭财富的普遍增加，鼎佳组织和华山组织中的每个成员自身拥有了更多可支配的资金，出于奉献精神，他们既以志愿者身份义务开展基层社会经典诵读活动，又拿出个人的部分资金来推动经典诵读活动在基层社会的发展。由于这部分资金数目不算多，而且主要通过个人购买经典诵读班使用的教材和课外书、教学用具等方式资助，难以了解其中数目，因此本书主要介绍另外两类活动资金的情况。

1. 向受教育者收取一定的费用

除了一些完全免费的活动外，鼎佳组织和华山组织对参与经典诵读活动的受教育者收取了一定的费用。

（1）鼎佳组织收取"成本费"

为了实现经典诵读活动的正常开展，鼎佳组织向受教育者收取了一些成本性的资金（见表3-5）。

表3-5 鼎佳组织收取的活动成本性资金（以2008年为例）

经典诵读班形式	具体经典诵读班	收费	合计	备注
周末经典诵读班（2008年）	景保经典诵读大班 景保经典诵读中班 景保经典诵读小班	20元/天	25600元/年	约有40名经典诵读儿童。每月按4周算；全年按8个月计算

第三章　当代中华文化经典诵读活动的资源动员

续表

经典诵读班形式	具体经典诵读班	收费	合计	备注
暑期国学夏令营（2008年）	全日制住读班（6.30~8.25）	1500元/月	33750元/暑假	（一）住读低龄班招收人数：5名 （二）住读大龄班招收人数：10名
暑期国学夏令营（2008年）	全日制走读班（7.1~8.22）	800元/月	60000元/暑假	（一）走读低龄班招收人数：20名 （二）走读大龄班招收人数：30名 *按一个半月计算

注：以上合计费用只是笔者的推算，具体数目并没有得到，因此表3-5仅作参考。

从2008年D区鼎佳经典诵读班的成本性收费（只是其中的大部分）来看，其收入总额约12万元。这些资金收入的用途是支付儿童使用场所的租金、午餐费用和其他活动费用，都是成本性的费用。但是，在开展活动过程中，组织者总会精打细算，因此每年还是会有一定的盈余的。受教育者交的成本性资金，以及历年的盈余资金，成为鼎佳组织重要的经典诵读活动资金之一。

（2）华山组织的社会性经营收入

华山经典诵读学校是一个基层社会团体，但是由于华山经典诵读学校是海佳投资公司的一个分支机构，再加上张校长是经济专业出身，因此，华山经典诵读学校也采取类似企业经营的方式，可称为社会性经营。他们认为通过采取类似企业的经营方式获得更多的资金，可以扩大经典诵读活动的影响，让更多的人接受中国传统文化教育，让社会风气更加纯正。

华山经典诵读学校的部分资金来源如下（见表3-6）。

表3-6　华山经典诵读学校的部分收入

项目	金额	备注
周末经典诵读班收入	90元/天	360元/月（4周）；1350元/学期（15周）。2008年有8名儿童参加经典诵读

97

续表

项目	金额	备注
暑期经典诵读班收入	7600 元/名	地点设在西州传统文化学校。由于华山经典诵读学校介绍一些儿童去西州市参加私塾，会收取一定的介绍费
古琴班收入	2000 元/（人·四天）	即两个周末，每个班不超过 8 个学员。2009 年 5 月才正式开班，已经开办两期，每期一个班，每班均有 6 名学员，因此这两期培训班的学费收入应为 24000 元
其他	不详	传统武术培训班收入；传统文化器具出售收入；养生堂收入；旅游点收入；人力资源培训班收入；海佳公司支付员工工资、租金、活动经费……

很遗憾我们无法从华山组织那里获得更多有关的收入情况。但是，从以上收入项目来看，华山经典诵读学校的资金资源来源是多渠道的，包括各种培训班（经典诵读班、古琴班、武术班、人力资源培训班、硬笔培训班）、养生堂、旅游、传统器具出售等。

2. 接受外部的资金

所谓的外部资金，是指基层社会组织从经典诵读活动直接参与者（组织成员和受教育者）以外的个人和组织那里获得的资金。鼎佳组织和华山组织所接受的外部资金的来源不大相同。

（1）鼎佳组织的外部资金

与从事广义经典诵读的华山经典诵读学校和国学会馆相比，鼎佳经典诵读班的经典诵读活动从内容到形式都比较简单，所需的成本不高，即使没有很多的资金也可以较好地运转。他们基本谢绝外来资金的支持[①]，但是为了更好地开展经典诵读活动，有时"不得以"接受一些外来资金支持。因为一些热心人士坚持设法为他们提供资金或通过其他方式支持基层社会经典诵读活动。据鼎佳经典诵读班的一位组织者介绍，有一位 76 岁的老人，从 D 区经

---

① 在参与经典诵读班的活动时，笔者也曾表示给予经典诵读活动一些资金上的帮助，但是都被组织拒绝了。

典诵读班最初开班到现在,她一直托人送钱过来;有一位小企业的经营者,凡是鼎佳经典诵读班有什么活动需求,她总是主动出车出钱;还有一位 79 岁的老人,在鼎佳经典诵读班有困难或有困惑的时候,她始终给予热情的鼓励和开导,还亲自到经典诵读班来和孩子们谈话,平时对经典诵读班的资助也十分慷慨。

对于鼎佳经典诵读班来说,外部资金的支持力度还是不小的。但是我们也看到,鼎佳经典诵读班对外部资源尤其是资金非常谨慎。毕竟它们的"组织"并未进行登记注册,因此对内收费是谨慎的,对外部资金的接受就更为谨慎了,它们希望自己的活动不要引起不必要的麻烦。对外部资金不轻易接受,使鼎佳经典诵读班在开展活动方面具有较大的自主性和独立性,但这也可能影响其进一步发展壮大。

(2) 华山组织的外部资金

与鼎佳组织相比,华山组织对外部资金的依赖程度要高得多。华山经典诵读学校和华山国学会馆的外部资金来源主要有以下几点。一是海佳投资公司的资金投入。海佳投资公司为华山经典诵读学校和华山国学会馆及其成员提供活动场所租金、员工工资、经典诵读活动经费、别墅的装修与维护资金等。二是西州传统文化学校的支持。作为总校,西州传统文化学校为华山经典诵读学校提供了部分的经典诵读活动资金。三是财政投入。D 区政府以支持文化建设的名义从财政中拨一定的资金给华山组织。

三 资金资源与基层社会经典诵读活动

充足的资金资源对社会活动的兴起具有重大的推动作用。麦卡锡和扎尔德在研究 20 世纪 60 年代美国新社会活动现象突增时就指出,与以往不同的是,战后一段时间,美国经济获得了空前的发展,到 20 世纪 60 年代,美国新社会活动组织可利用的资金资源变多了。这些资金的来源有以下几点。其一,个人捐助。经济的发展使向各类公益事业捐助的人越来越多。其二,公司捐助增加。

这是因为捐助公益事业对企业有以下好处：一是可以免税，二是可以提高企业形象，三是可以改善与居民的关系。其三，教会捐助的基金越来越多。其四，市政府有许多资金流入公益组织。这些公益组织的资金增加，有许多流到运动组织的手中，促进了运动的兴起。

就中国而言，自1990年起，中国经济崛起，无疑增加了经典诵读推广组织的资金资源。经典诵读推广组织的资金与美国运动组织一样，来源也有四个渠道。但是，D区的基层社会组织的活动资金的来源与美国运动组织的资金来源（按照麦卡锡和扎尔德的观点）不同。其一，基层社会经典诵读推广组织的个人捐助资金部分是直接获得的，体现一种"个人捐助—基层社会经典诵读推广组织"的模式，不论这一"个人"是来自组织内部还是外部；美国运动组织的个人捐助资金部分是间接获得的，即体现为"个人捐助—公益组织—运动组织"（个人捐助给公益组织，然后流入运动组织手中）的模式。其二，来自公司，主要是海佳公司捐助的部分非常巨大，公司进行这样的捐助有通过做公益事业提升企业形象的一面，还有进行企业经营的一面；与美国"公司捐助—公益组织—运动组织"的模式不同，基层社会经典诵读推广组织的这部分资金是一种直接获得的模式，即"公司捐助—基层社会经典诵读推广组织"。其三，来自政府的部分资金，也是一种直接的方式，即"政府资金—基层社会经典诵读推广组织"，不同于美国的"政府资金—公益组织—运动组织"。尽管有如此多的不同，但是其结果大致相同：活动组织/运动组织手中可支配的资金增加了，而这种资金资源总量上升，以及组织者进行有效的管理，有利于基层社会经典诵读推广组织开展活动。

第四节　经典诵读的时间及其动员

参加基层社会经典诵读活动需要时间，不论是对基层社会经

第三章　当代中华文化经典诵读活动的资源动员

典诵读推广主体而言，还是对参加经典诵读的儿童而言，都是如此。那么，基层社会经典诵读活动的时间是什么，鼎佳组织和华山组织又是如何利用和动员志愿者老师和儿童的时间的呢？

一　经典诵读时间

当代经典诵读时间包括以下几个部分：课堂经典诵读时间、课余经典诵读时间、平时经典诵读时间、周末经典诵读时间、寒暑假经典诵读时间。课堂经典诵读时间和课余经典诵读时间指的都是学生在国民教育学校中的经典诵读时间，前者是指经典诵读被纳入教学的内容后被要求诵读的课时，后者是指在非课堂时间里的经典诵读时间。平时经典诵读时间是指从学校回到家里后进行的个体经典诵读时间；周末经典诵读时间和寒暑假经典诵读时间则是指在周末或寒暑假时进行的集体经典诵读时间。

由于笔者研究的是基层社会经典诵读活动，因此体制内学校的经典诵读（课堂经典诵读）时间问题不在本书的研究范围内。就D区基层社会经典诵读活动来说，全日制经典诵读难以被大多数家长接受，因此全日制经典诵读时间也不在本书的研究范围内。笔者把重点放在周末经典诵读时间、寒暑假经典诵读时间和平时经典诵读时间上。

1. 周末经典诵读时间

对于儿童来说，上学之余的周末成为他们经典诵读的重要时间之一。对于导读老师来说，他们都是上班族，只有在周末才能来经典诵读班带儿童诵读经典。实际上，笔者在前面提到的七个经典诵读班都是周末经典诵读班。

2. 寒暑假经典诵读时间

至于寒暑假，则是儿童进行大量诵读经典的黄金时间：儿童可以更长时间、大量地诵读经典。但是，志愿者老师在周一至周五仍然要上班。因此，鼎佳组织只能向各地的私塾求助，请它们派出私塾老师为儿童导读经典。但是私塾老师数量有限，而有经

经典诵读的社会动员机制

典诵读需求的儿童人数一直呈上升趋势，因此到后来私塾也很难派出老师来为 D 区鼎佳经典诵读班带班导读经典了。于是，鼎佳组织与外地的一些私塾（如西州传统文化学校）联系，让 D 区的儿童到这些私塾去诵读经典。对于那些没有去外地私塾诵读经典的儿童，鼎佳组织则聘请一些有经验的体制内学校的老师（他们有寒暑假闲暇时间）来导读；或者邀请作为家长之一且已经离退休的老太太和老先生来为这些儿童导读。

3. 平时经典诵读时间

经典诵读班还不能忽视儿童平时的经典诵读。志愿者老师希望家长配合志愿者老师的要求，督促儿童平时在家里诵读经典。因为儿童周末到经典诵读班中的最主要任务之一就是背诵经典。如果平时都没有诵读经典的话，那么到周末时是很难背下更多的经典内容的。志愿者老师会督促家长及时提醒儿童及时做好作业，以腾出更多的时间来诵读经典。即使儿童一时没有时间诵读经典，家长也会通过播放古典音乐和经典诵读光盘（或磁带）对儿童进行潜移默化的熏陶。实际上，由于经典诵读班采取了周末时分组竞争、表扬等方式，一些经典诵读儿童为了能够在周末时"表现一番"，也常会自觉地早点写完作业，然后来参加经典诵读。可以说，这在某种程度上提高了儿童的学习效率。

二 经典诵读时间的动员

对于经典诵读活动来说，影响其兴起和发展的主要时间不是儿童经典诵读时间，而是基层社会经典诵读推广主体的时间。D 区基层社会经典诵读时间的动员和利用有三种方式：一是经典诵读推广主体利用自己的闲暇时间来导读；二是基层社会经典诵读推广组织者聘请专职老师来导读；三是基层社会经典诵读推广组织动员离退休人员来导读。

1. 利用自己的闲暇时间来导读

即基层社会的经典诵读推广组织者和志愿者老师利用自己的

闲暇时间来进行导读。他们利用周末、节假日甚至晚上等时间来无偿开展经典诵读活动。

由于鼎佳组织的志愿者老师都是上班族，因此在周末和节假日进行导读一般没有问题。但是到寒暑假这一儿童诵读经典的黄金时间时，志愿者老师却不能全日制地开展导读活动。于是他们开始采用剩下的两个策略。

2. 聘请专职老师来导读

在寒暑假期间，D区鼎佳经典诵读班也会聘请一些专职的老师（包括体制内学校的老师和私塾老师）进行导读。对于华山经典诵读学校来说，那里的老师是专职的，他们利用所有的时间来开展经典诵读活动：平时开展养生培训（主要针对老年人）、旅游体验、出售传统器皿；周末开展儿童经典诵读、成人诵读经典、古琴培训、古筝培训、传统武术培训、国学沙龙；寒暑假开展私塾性全日制经典诵读、夏令营等。

3. 动员离退休人员来导读

基层社会经典诵读推广组织动员离退休人员尤其是离退休家长（一般是儿童的爷爷奶奶或外公外婆）加入经典诵读活动。

三 经典诵读时间与基层社会经典诵读活动

麦卡锡和扎尔德在分析20世纪60年代美国新社会活动增多时，除了提到资金资源的重要性外，还提到了时间资源的重要意义。他们认为，美国的白领和大学生数量在20世纪60年代不断上升会对新社会活动有影响，因为白领和大学生的工作时间与蓝领工人相比不一定少，但是他们比蓝领工人更能自由地支配自己的时间，从而利用这些时间参加新社会活动。

美国20世纪60年代的这种变化在20世纪90年代的中国也有类似的情况：20世纪90年代末到21世纪初，扩招之后的中国大学生数量有了惊人的增长，由于大学生（包括硕士生和博士生）比一般工人更能自由地支配自己的时间，因此我们看到华山组织的义工队伍中有不少的大学生，他们既可以在周末前往华山国学会馆参加沙龙，也可以在周一到周五到华山学校做义工。这种状况有利于华山组织开展更多的活动。

对于鼎佳组织来说，1995年双休日的实行，1999年五一节、国庆节、春节等"黄金周"的实施，2008年传统节假日的推行，以及8小时工作制的实行，学生每年近三个月的寒暑假，教育局禁止中小学进行周末和寒暑假收费性补课活动，这些在客观上增加了儿童和公众的闲暇时间，为基层社会开展经典诵读活动提供了一定的时间资源。

此外，对于那些参与经典诵读活动的退休人员，他们拥有更多的时间来为儿童导读，也有更多的时间去动员更多的家长和儿童参与到经典诵读活动中来。这就能解释为什么离退休人员在经典诵读活动参与者中是最重要的群体之一了。

由于经典诵读活动的推广者和受教育者都拥有较多的闲暇时间，而且二者的闲暇时间段基本一致，所以基层社会开展经典诵读活动的时间条件也具备了。

本章小结

自20世纪90年代，尤其是进入21世纪以来，D区的国民经济增加值迅速提高，增强了基层社会经典诵读推广组织的外部支持者——政府、企业和各类基层社会组织等的经济实力，为基层社会经典诵读推广组织获得强大的外部资源支持提供了可能；D区居民收入水平和家庭储蓄余额的不断上升，使基层社会经典诵读推广组织的个体成员手中可支配的资金数量不断增多，一旦将其投入基层社会经典诵读活动，将直接增加该组织的资源总量。

开展群体性的基层社会经典诵读活动，必须具备一定的物质资源，如活动场所、活动资金、经典诵读时间，以及经典文化教材等，其中前三者是开展群体经典诵读活动最重要的资源。近几

第三章 当代中华文化经典诵读活动的资源动员

年来,基层社会经典诵读推广组织开始不断地获得这些资源。

第一,基层社会组织先后将私人住宅、社区居委会、公立小学、希望小学、禅寺、敬老中心、运动中心、阳光中心等场所动员成为它们开展群体经典诵读活动的场所,甚至有了第一个专用的经典诵读活动场所,再加上这些活动场所具有实用性、文化性和公益性等特点,从而为基层社会经典诵读活动提供了充足、适宜的场所。

第二,基层社会组织所需要的活动资金成本经历了由无到有,再到不断上升的过程。这种趋势要求基层社会的经典诵读推广组织必须加强对活动资金的管理。一方面,基层社会的经典诵读推广组织采取家长自助和公益活动的方式来尽量降低经典诵读活动成本;另一方面,基层社会的经典诵读推广组织通过成员捐助、向受教育者收取一定的成本费和培训费,以及争取外部资金支持等渠道,增加组织自身的资金资源总量。这样一来,基层社会经典诵读推广组织的活动资金问题就解决了。

第三,参加基层社会经典诵读活动需要大量的时间。这些时间主要来自休闲时间和自由支配时间,双休日、八小时工作制、节假日的实行,为成人提供了更多从事诵读经典导读的时间;大学生拥有较多可自由支配的时间;退休人员更是拥有大量可自由支配的时间。同样,寒暑假、双休日和节假日的实行,教育局禁止中小学补课和要求减轻课业负担,也为儿童诵读经典提供了大量的闲暇时间。此外,所有教育者和受教育者的闲暇时间段又基本一致,因此,基层社会开展群体经典诵读活动的时间条件也具备了。

当场所、资金、时间等物质资源都具备时,基层社会的经典诵读推广组织就能够为群体性的基层社会经典诵读活动的开展提供"市场",为基层社会经典诵读活动的兴起提供物质基础。但是,作为一项群体行动,没有相当数量的成员参与的情况是不可能发生的,因此下一章笔者将介绍基层社会经典诵读活动的成员动员情况。

第四章　当代中华文化经典诵读活动的成员动员

如果说资金、场所、时间、经典文化教材等物质资源是 D 区基层社会经典诵读活动兴起和发展的物质前提，那么成员资源则是 D 区当代基层社会经典诵读活动兴起和发展的成员基础。经典诵读是"一场有语文工作者、媒体工作者、文化批评家、教师、出版商、教育基金会以及学生和家长们多方参与，有思潮、有纲领，也有争论和批评，自下而上，有一定规模和影响的活动"[①]。那么，在 D 区基层社会经典诵读活动这一个案中，参与者是些什么人，他们有什么样的结构性特征，鼎佳组织和华山组织是如何动员或招募这些参与者的，鼎佳组织和华山组织的组织结构如何，成员资源对基层社会经典诵读活动有什么样的影响，这是本章试图进行探讨的问题。

第一节　成员构成及其影响

D 区基层社会经典诵读活动的参与者有组织者、老师和义工、家长、儿童等几类小群体，这些小群体具有某种特征，这些特征对基层社会经典诵读活动的兴起和开展具有一定的影响。在分析成员构成及其影响之前，我们首先厘清几个概念。

---

① 胡晓明：《读经的新意义》，《晚霞》2006 年第 7 期。

第四章 当代中华文化经典诵读活动的成员动员

一 几个相关概念的界定

我们首先来界定几个概念：成员、参与者和支持者。

我们把直接和间接参与基层社会经典诵读活动的个人和组织区分为两大类：内部参与者和外部支持者。内部参与者（以下简称"参与者"）是指那些直接参与有组织的基层社会经典诵读活动的人员，他们是基层社会经典诵读活动中最重要的行动主体，也是笔者分析的重点。内部参与者包括导读老师、经典诵读儿童的家长和受教育者三部分。

外部支持者（以下简称"支持者"，为避免混淆，我们不使用"外部参与者"概念）是指那些间接参与和支持经典诵读活动的个人和组织。他们是基层社会经典诵读活动中除参与者以外的个人和组织，作用主要是与基层社会经典诵读推广组织结成联盟以相互声援和支持，或者从资源上提供帮助。

最后我们界定"成员"这一概念。"成员"的定义有广义和狭义之分。广义的"成员"是指一切直接或间接参与和支持基层社会经典诵读活动的个人和组织，即包括内部参与者和外部支持者。在"成员资源"和"成员动员"概念中，笔者是从广义上来讲的："成员资源"既包括内部参与者资源，又包括外部支持者资源；"成员动员"既包括对内部参与者的动员，也包括对外部支持者的动员。

狭义的"成员"是指内部参与者，且不包括受教育者中的儿童。因为儿童是否参加经典诵读基本上由家长决定，基层社会经典诵读推广主体几乎不需要对儿童自身进行动员。为了避免混淆，我们一般把狭义的"成员"称为"内部成员"。以上概念之间的关系可以从图4-1看出。

我们之所以对"成员"进行如此细致的界定，是因为我们对成员动员的分析既包括对参与者的动员，也包括对支持者的动员。但是，对内部成员的动员无疑是分析中的重点。我们首先了

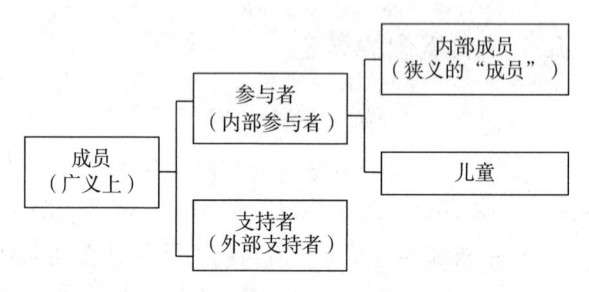

```
成员          参与者         内部成员
(广义上)   —  (内部参与者) — (狭义的"成员")
              │
              │              儿童
              │
              支持者
              (外部支持者)
```

图 4-1　成员、参与者和支持者

解内部参与者的构成及其影响，然后再看外部支持者的动员及其影响。

二　参与者及其对经典诵读活动的影响

从 D 区基层社会经典诵读活动的内部参与者来看，他们可以分为三大类：推广主体、辅助成员和受教育者①。推广主体包括组织者（在 D 区经典诵读中的具体称呼为校长、馆长和负责人）和组织成员（包括志愿者老师、员工、会员和义工等），辅助成员是指一般家长，受教育者包括接受经典诵读教育和传统文化培训的儿童和成人。此外，组织者、组织成员、辅助成员（一般家长）和成人受教育者又统称为内部成员（见图 4-2）。

由于推广主体是基层社会经典诵读内部参与者中最重要的力量，因此笔者主要分析经典诵读推广主体这一群体。同时笔者也对辅助成员和受教育者进行相对简单的描述，以做到既有重点又不失完整地说明内部参与者的基本构成状况。接下来笔者分析介绍推广主体的两个重要组成部分——组织者和组织成员及其对经典诵读活动的影响，并简单谈谈辅助成员和受教育者的情况。

---

① 对于狭义的经典诵读来说，经典诵读推广主体和经典诵读对象可称为教育者和受教育者；对于广义的经典诵读来说，经典诵读推广主体和经典诵读对象可称为传统文化弘扬者和被弘扬者。

第四章 当代中华文化经典诵读活动的成员动员

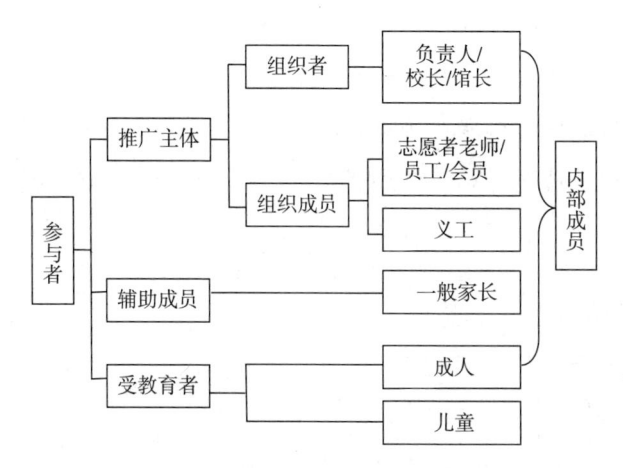

图 4-2 内部参与者的分类

(一) 组织者及其对基层社会经典诵读活动的推动

许多研究社会活动的学者都强调组织者在集体行动中的重要作用。斯梅尔塞认为领导的权威和有效组织策略在新社会活动中具有关键作用[1]。麦克亚当也将新社会活动组织内是否存在较为被认同和尊重的领导成员和积极成员视为运动的关键[2]。那么，D 区基层社会经典诵读推广组织的组织者对经典诵读活动究竟有什么影响呢？对于这一问题，笔者首先探索 D 区基层社会经典诵读推广组织的组织者构成情况，然后再了解和讨论鼎佳组织和华山组织的组织者对基层社会经典诵读活动起到什么样的作用。

1. 组织者的构成

D 区基层社会经典诵读活动的组织者是指鼎佳组织的负责人（包括总负责人和各个经典诵读班的分负责人），以及华山组织的负责人（校长和馆长）。鼎佳组织的组织者有七人：总负责人叶老师（兼任景保经典诵读大班负责人）、景保经典诵读中班负责人谭

---

[1] Neil J. Smelser, *Theory of Collective Behavior* (New York: Free Press, 1962), p. 3.
[2] 〔美〕赵鼎新：《社会与政治运动讲义》，社会科学文献出版社，2006，第 193 页。

老师、景保经典诵读小班吕老师、乐林经典诵读班负责人尧奶奶、英远经典诵读班负责人季老师、佳敬经典诵读班负责人吴老师和丰景经典诵读班负责人翁奶奶。华山组织现只有一位负责人，即张校长，她既是华山经典诵读学校的校长，又兼任华山国学会馆的馆长（见图4-3）。

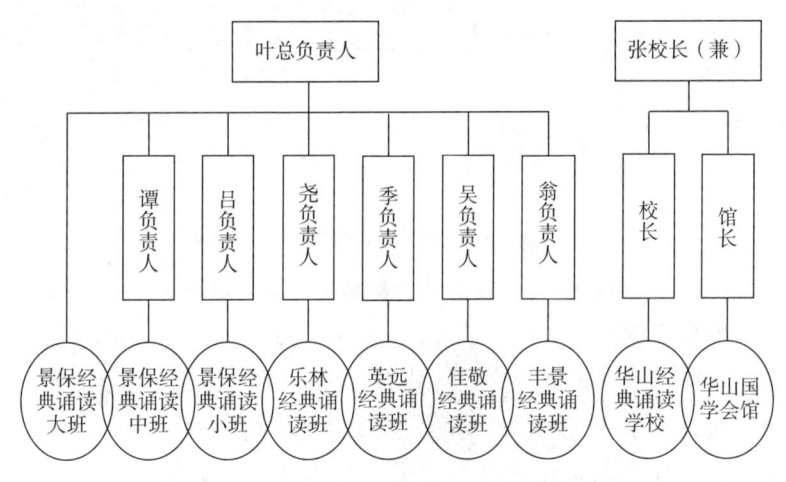

图4-3 D区基层社会经典诵读活动的组织者

在这些组织者中，笔者着重介绍其中最主要的负责人——鼎佳组织的总负责人叶老师和华山组织的负责人张校长，并探讨她们对基层社会经典诵读活动发展的推动作用。

2. 叶老师及其对经典诵读活动的推动

（1）简介

叶老师，37岁，H市D区居民，某国有公司员工，中专文化水平。她非常关心儿子的教育问题，早在2004年就已经了解到关于儿童经典诵读教育方式，但当时并不太挂在心上，以为这是一种"封建迷信"活动。但是在2005年初，当她遇到自己的亲戚尧奶奶和她孙子时，看到这个只有4岁但已经参加经典诵读半年多的孙子非常懂礼貌，而且能够大段地背诵《弟子规》和《论语》的内容，对此大感惊讶。于是她也带自己的儿子参加尧奶奶的家庭

第四章　当代中华文化经典诵读活动的成员动员

经典诵读班，结果发现自己儿子和其他诵读经典的儿童经过经典诵读教育后，在智力和做人方面发生了很大变化。于是她开始对这种教育方式着迷，并成为导读老师之一。她开始在网上了解中华文化经典诵读教育宣传资料和全国各地经典诵读活动的开展情况，并购买了大量的经典诵读资料（包括中华文化经典诵读活动推广光碟、儒家文化经典教材等），还前往全国各地参观了解经典诵读班和私塾开展的经典诵读活动，不断探索儿童经典诵读教育经验。

民悦经典诵读班的负责人尧奶奶看到叶老师对儿童经典诵读教育有如此大的热情和干劲，于是就让她接替自己成为民悦经典诵读班的负责人，叶老师从此担负起民悦经典诵读班的主要工作。尽管今天D区的几个经典诵读机构有相对独立的一面，但叶老师做了大量的工作及其无私的付出，在鼎佳经典诵读活动中有很高的威信，从而成为鼎佳组织的总负责人。

（2）推动作用

叶老师在推动鼎佳经典诵读的发展方面主要做了以下几项重要工作。一是大力进行成员动员。她动员了许多亲戚、朋友、同事、同学带领孩子参加经典诵读活动，在2005年开设的暑假经典诵读班中，有20多名（接近全班的一半）儿童是她动员来的。她还动员了不少熟人家长任志愿者老师和经典诵读班负责人，共同开展经典诵读活动，从而使D区经典诵读活动参与者数量迅速上升。二是积极探索经典诵读的形式和方法。每年她都到全国各地的私塾、经典诵读班、孔子学校去考察经典诵读的形式和方法，拓展了D区基层社会经典诵读的形式和方法。三是加强活动资金的管理。尽管经典诵读班活动收取的只是成本性收费，但是经过精打细算，使活动经费能够被充分地利用，保证了经典诵读活动的开展及扩大。四是保证了志愿者老师队伍的稳定性。叶老师凡事以身作则，感动了许多家长和志愿者老师，从而使一些曾动摇的志愿者老师一直坚持参加义务导读工作。五是建立经典诵读网

经典诵读的社会动员机制

站,积极动员各种组织为经典诵读班提供活动场所等。除正常上班外,叶老师几乎把所有的业余时间都放在经典诵读推广上,甚至说工作是她的副业,经典诵读推广才是她的主业。由于叶老师对经典诵读活动倾注了大量心血,也取得了非常有效的效果,因此她在经典诵读儿童和家长心中享有很高的威信。可以说,在鼎佳组织经典诵读班的发展过程中,叶老师起到了非常重要的推动作用。

当然,我们也不能忽视其他分负责人的作用。D区鼎佳经典诵读班最早的负责人是退休在家的尧奶奶和翁奶奶。从2005年开始,基层社会经典诵读活动的"领导权"开始由退休老年人转移到更富有活力的年轻人手中,这些年轻的负责人参加经典诵读活动的积极性很高,加快推动了D区基层社会经典诵读的发展。实际上,D区基层社会经典诵读活动的发展和扩展阶段,正是年轻人接手"领导权"的阶段。

3. 张校长及其对经典诵读活动的推动

(1) 简介

张校长,40岁,辽宁人,小时务过农,国际贸易专业毕业,曾在秦皇岛从事外贸工作一年,1992年前往深圳和珠海从事证券行业工作,1998年在H市某证券公司工作,30岁后才开始接触中国传统文化。她在H市工作期间遇到她的师父(现西州总校校长),并皈信佛教,成为一名居士,经常利用休息日前往西州总校学习。最后她放弃自己的证券工作,前往西州传统文化学校专门从事弘扬传统文化工作。后来在海佳投资公司总经理的帮助下,2008年她返回H市,租借了D区的江登别墅群,成立华山经典诵读学校和华山国学会馆,从事弘扬传统文化教育活动。

由于鼎佳组织主要面向儿童开展经典诵读活动,为避免重复,再加上华山组织的目标更大,因此张校长把教育对象推广到一切年龄的人员,尤以成人为主。此外,她和华山组织成员不断丰富

第四章　当代中华文化经典诵读活动的成员动员

经典诵读活动的内容和形式，促进 D 区基层社会经典诵读形式由狭义向广义发展。

（2）推动作用

张校长为 D 区基层社会经典诵读的发展做出了很多努力。一是使江登别墅群成为开展经典诵读活动的专用场所，并成立两个经典诵读机构——华山经典诵读学校和华山国学会馆。二是争取到大量的外部资源和外部支持者，从海佳投资集团公司和西州传统文化学校那里获得了大量的资金和师资力量。三是开辟了许多推广传统文化的形式。除经典诵读外，还开展了声乐培训、中医知识培训、人力资源培训、硬笔培训、国学沙龙等活动，大大拓宽了弘扬传统文化的渠道。

张校长的个人魅力吸引了许多参与者。张校长对儒释道诸思想都有相当深入的研究。张校长的才识、能力和经历，使她在华山组织的成员中享有很高的威望，也吸引了许多传统文化爱好者。在华山经典诵读学校中，许多员工受佛教思想的影响比较深。如果说鼎佳经典诵读班具有某种儒家教化性质的话，那么华山经典诵读学校则有较为深厚的佛教特点。这种氛围对动员、感染成员参与活动的效果是很明显的。

此外，张校长的组织能力也非常突出。她曾在商界打拼多年，经营管理能力较强；她还擅长与商界、官方及学界打交道，为华山组织争取到许多同盟者和支持者。因此，张校长对 D 区基层社会经典诵读的发展也起到非常重要的推动作用。

总之，D 区基层社会组织者的积极工作、较强的组织动员能力和较高的个人威信，有利于他们发动更多人参与到基层社会经典诵读活动中，也有利于他们动员更多资源充实自己的力量，从而对发起和发展基层社会经典诵读活动起到关键的推动作用。

（二）组织成员及其对基层社会经典诵读活动的影响

组织成员是指几乎在每个集体经典诵读时间（周末或平时）带领儿童和成人诵读经典的志愿者老师、员工和会员，以及经常参加经典诵读活动和热心宣传推广经典诵读的义工。

组织成员是基层社会经典诵读活动中除组织者外最主要的力量。由于组织者也是从组织成员中产生的，因此笔者在描述组织成员的结构性特征时，也将组织者列入组织成员中。笔者在田野调查时主要采访了其中最重要的37名组织成员，从年龄结构、职业结构、学历结构、身份等方面了解这些组织成员的结构特征，并讨论这些结构性特征对基层社会经典诵读活动的影响。具体情况如下。

1. 年龄结构及其对经典诵读活动的影响

以下为笔者在调查中提到的D区基层社会经典诵读活动的组织成员的年龄情况（见表4-1、表4-2）。

表4-1 鼎佳组织成员的年龄结构

年龄（岁）	20~29	30~39	40~49	50+	合计
人数（人）	3	10	3	5	21
比例（%）	14.3	47.6	14.3	23.8	100

表4-2 华山组织成员的年龄结构

年龄（岁）	20~29	30~39	40~49	50+	合计
人数（人）	6	4	2	4	16
比例（%）	37.5	25.0	12.5	25.0	100

从访谈的鼎佳组织成员的情况来看，其中20~29岁年龄段有3人，30~39岁年龄段有10人，40~49岁年龄段有3人，50岁及以上年龄段有5人。经过分析，笔者发现鼎佳组织成员主要集中在两个年龄段：一个是30~39岁年龄段，总人数为10人，占所有鼎佳组织受访者的47.6%；另一个是50岁及以上年龄段，有5人，占所有鼎佳组织受访者的23.8%。这两个年龄段的组织成员人数占受访组织成员总数的70%左右。

从华山组织成员的情况来看，20~29岁年龄段有6人，30~

第四章　当代中华文化经典诵读活动的成员动员

39岁年龄段有4人，40~49岁年龄段有2人，50岁及以上年龄段有4人。成员主要集中在两个年龄段：一是20~39岁年龄段，人数有10人，占所有受访组织成员的63%；另一个是50岁及以上年龄段，有4人，占所有受访组织成员的25%。二者合计占总数的88%。

由于这两个组织的组织成员大致分布在两个相近的年龄段，因此笔者将这两个组织的成员资料合并起来，得到如下统计数据（见表4-3）。

表4-3　D区基层社会经典诵读推广组织成员的年龄结构

年龄（岁）	20~29	30~39	40~49	50+	合计
人数（人）	9	14	5	9	37
比例（%）	24.3	37.9	13.5	24.3	100

从表4-3来看，D区基层社会经典诵读活动的组织成员主要是中青年人。其中20~29岁年龄段成员的比例为24.3%，30~39岁年龄段成员的比例为37.9%，二者合并后的比例高达62.2%。另外，超过50岁的人群比例有24.3%，即接近1/4。如果20~39岁和50岁及以上两个年龄段的组织成员相加，则比例高达86.5%。

因此，受访的组织成员的资料表明：D区当代基层社会经典诵读活动的组织成员主要是两个年龄段的人群：一个是20~39岁年龄段的人群（中青年），另一个是超过50岁的人群（中老年人和退休者）。

由这两个年龄段的成员组成D区基层社会经典诵读活动的主体，对D区的经典诵读活动的推动是非常有利的。中青年人有活力、有干劲、有热情，为推广经典诵读而积极奔走，有助于经典诵读活动的发展。因此，笔者也看到，进入2005年后，D区的基层社会经典诵读活动开始有较大发展，这和D区基层社会经典诵读活动主导权从退休人员转移到中青年人手中有很大的关系。至于50岁以上的成员也占相当数量，是因为这些人具有较丰富的传统文化知识，以及退休人员有更多的时间来参加经典诵读活动①。

2. 职业结构及其对经典诵读活动的影响

组织成员的职业结构情况见表4-4、表4-5所示。

表4-4　鼎佳组织成员的职业结构

单位：人，%

职业	企业单位	事业单位	机关单位	个体户	退休	合计
人数	10	2	1	2	6	21
比例	47.6	9.5	4.8	9.5	28.6	100

表4-5　华山组织成员的职业结构

单位：人，%

职业	企业单位	事业单位	学生	退休	合计
人数	2	5	8	1	16
比例	12.5	31.3	50.0	6.3	100

从鼎佳组织成员来看，来自企业单位的成员所占比例最高，为47.6%。这说明鼎佳组织成员主要来自企业单位。从华山组织成员来看，来自学生类别的成员最多，比例达到50.0%；其次为事业单位，比例为31.3%。这说明华山组织成员主要来自知识群体②。

因此，从组织成员的职业结构来看，鼎佳组织成员主要来自企业单位，而华山组织成员主要来自学生和事业单位，二者成员中来自机关单位和个体户等其他职业的人员并不多。

D区基层社会经典诵读推广组织成员的职业构成对经典诵读活

---

① 实际上，如果进一步仔细分析，我们可以看到，对鼎佳经典诵读班和华山经典诵读学校来说，超过50岁的组织成员都是主要人群。对鼎佳组织来说，超过50岁的人都是退休人员（一些退休的爷爷奶奶或外公外婆），都赋闲在家，且以女性为主；对华山组织来说，超过50岁的成员中虽然也有退休人员，但主要是具有某一传统文化专长（如在古琴、古筝、武术等方面）且经验丰富的老师，而且基本上是男性。

② 由于鼎佳组织和华山组织的组织成员在职业类别上有较大的差异，因此我们不再将两个组织受访的组织成员资料进行合并统计。

第四章　当代中华文化经典诵读活动的成员动员

动的发展也有推动作用：鼎佳组织的成员多为企业员工，相对知识群体而言，他们对孩子教育问题缺少更多办法，但他们对孩子学历的期望也是很高的，因此他们遇到儿童经典诵读教育这种相对简单、易于掌握的教育方法，且获得的效果相对明显时，很容易对这种狭义的经典诵读活动"着迷"。

华山组织成员多为知识群体，因此他们也就不再局限于狭义的经典诵读活动，而是开展更多弘扬传统文化的活动，有利于广义的经典诵读活动的发展。

3. 学历结构及其对经典诵读活动的影响

D区基层社会经典诵读活动的组织成员的学历结构如表4-6、表4-7所示。

表4-6　鼎佳组织成员的学历结构

单位：人，%

学历	研究生	大学（本科和大专）	中专/高中	初中及以下	合计
人数	1	8	8	4	21
比例	4.8	38.1	38.1	19.0	100

表4-7　华山组织成员的学历结构

单位：人，%

学历	研究生	大学（本科和大专）	中专/高中	初中及以下	合计
人数	5	10	1	0	16
比例	31.3	62.5	6.3	0.0	100

从鼎佳组织成员来看，大学学历和中专学历（含高中）的比例最高，各为38.1%，二者相加比例为76.2%；初中及以下学历也占一定的比例，为19.0%。这说明鼎佳组织成员主要是学历不太高的群体。从华山组织成员来看，大学（本科和大专）和研究生学历的比例最高，分别是62.5%和31.3%，二者相加后为93.8%；中专及以下几乎没有。这说明华山组织成员主要是学历较高的群体。

从组织成员的学历结构来看，鼎佳组织和华山组织对基层社会经典诵读活动的影响也有所不同：前者主要是动员学历不太高的家长，后者主要是动员学历较高的人员；前者多进行狭义的经典诵读活动，后者则更多进行广义的经典诵读活动。虽然有上述这些不同，但是二者刚好互补，从不同层面推动了经典诵读活动在基层社会的发展。

我们还可以将两个组织的成员学历资料进行合并，以做进一步分析。合并的结果如表4-8所示。

表4-8　D区基层社会的经典诵读推广组织成员的学历结构

单位：人，%

学历	研究生	大学（本科和大专）	中专/高中	初中	合计
人数	6	18	9	4	37
比例	16.2	48.6	24.3	10.8	100

从表4-8来看，在组织成员中，有大学学历的人员最多，比例接近50%，再加上有研究生学历的人员，二者比例可达64.8%。这说明在D区当代经典诵读活动中，推动主体是一些学历相对较高的人员。学历较高的成员有利于推动经典诵读这一文化运动。

4. 特殊身份及其对经典诵读的影响

此外，D区基层社会经典诵读活动的组织成员在身份上有一定的特殊性。从鼎佳组织来看，其成员主要是家长的联合体（主要是女性家长，还有相当一部分家长是退休人员），而华山组织的成员主要是关注中国传统文化的知识群体。身份上的同质性有利于增加群体间的认同感和凝聚力。冯纳卿等[1]、皮纳德[2]、尤森[3]强

---

[1] Von Eschen, Donald, Jerome Kirk and Maurice Pinard, "The Organizational Substructure of Disorderly politics," *Social Force* 49 (1971): 529-544.

[2] Pinard, Maurice, *The Rise of a Third Party: A Study in Crisis Politics. Montreal*: Mc Gill-Queen's Press, 1975, pp. 181-219.

[3] Useem, Bert, "Solidarity Model, Breakdown Model, and the Boston Anti-busing Movement," *American Sociological Review* 45 (1980): 357-369.

第四章　当代中华文化经典诵读活动的成员动员

调建立在组织和网络关系上的人与人之间的凝聚力是人们加入一个新社会活动的关键和对新社会活动的促进[①]。这一凝聚力的来源是多方面的，其中之一是群体的同质性。梯利（Tilly）也认为，一个群体成员的共同特征（如工人、妇女、黑人、学生等）越多，该群体的组织力量就越强，越有助于集体行动的进行[②]。因此，D区基层社会经典诵读活动的推广主体是家长和传统文化爱好者，正是这些同质性，使他们形成认同感，增加凝聚力，从而采取共同的行动，有利于基层社会经典诵读活动的顺利开展。

（三）辅助成员和受教育者

1. 辅助成员

辅助成员是一般家长。一般家长之所以被视为辅助成员，是因为这些家长把自己的孩子送到经典诵读班后，就离开经典诵读班去做自己的事，而把导读工作交给导读老师去做，到诵读经典结束时，他们又来经典诵读班将孩子接回家。因此，他们在经典诵读活动中只是起到"辅助"的作用。

尽管如此，仍然不可忽视这个群体，因为他们虽然不参加儿童经典导读、协助导读等活动，但是他们认可（至少不反对）经典诵读活动，而且他们的人数众多。笔者在参加鼎佳经典诵读班的经典诵读活动时，也接触了许多家长，发现他们的特点与鼎佳组织成员基本相似：除都是家长外，他们的学历一般不太高，主要从事企业工作。因此，这些同质性也有利于形成认同感、增加凝聚力。

2. 受教育者

受教育者包括参加经典文化诵读和文化传统培训的儿童和成人。这种人有很多，如D区鼎佳经典诵读班接受经典文化教育的

[①] 〔美〕赵鼎新：《社会与政治运动讲义》，社会科学文献出版社，2006，第241~242页。

[②] Charles Tilly, *From Mobilization to Revolution* (New York: Random House, 1978), p. 8.

儿童超过300名，加上华山经典诵读学校的经典诵读儿童，到2008年底，整个D区接受经典文化教育的儿童超过400名；进行诵读经典的成人，以及参加传统文化培训（接受正式的中医养生知识培训、传统武术培训、古琴培训、古筝培训等）的成人也很多。这些都是参与基层社会经典诵读活动不可缺少的重要组成部分。不过，他们并非本书的主要研究对象，因此笔者没有专门分析他们与经典诵读活动兴起和发展之间的关系。

三 支持者及其对经典诵读活动的影响

外部支持者是指为基层社会经典诵读推广组织提供场所和资金等资源，或者在道义和话语上进行声援的个人和组织。在过去的六年中，D区基层社会经典诵读推广组织的外部支持者在不断地增加，这些外部支持者在不同方面对基层社会经典诵读活动的发展起到非常重要的支持作用。

（一）支持者数量的上升

近六年来，鼎佳组织和华山组织的外部支持者的数量都呈上升的趋势。

1. 鼎佳组织的支持者数量的上升

最初的家庭经典诵读，只是家长们自愿组成一个小小的联合体一起带领儿童诵读经典，没有也无需什么外部支持者。但是，随着鼎佳经典诵读班的发展，外部力量已经变得不可缺少。首先，在寻求经典诵读活动场所时，基层社会经典诵读推广组织需要外部个人和组织提供场所。鼎佳组织通过熟人关系使社区居委会、英远小学、景保希望小学、英远运动中心、佳敬阳光中心、乐林敬老中心等组织为他们提供经典诵读活动场所。此外，鼎佳组织的负责人通过各种熟人关系与各地经典诵读班、私塾、孔子学校、南韶经典诵读推广中心、南韶经典诵读推广文化公司联系，形成相互支持的盟友关系。

具体来说，鼎佳组织外部支持者数量的上升情况如下。

第四章　当代中华文化经典诵读活动的成员动员

2004年，明悦居委会和一个佛教团体成为鼎佳组织的外部支持者，他们从活动场所和教材等方面支持经典诵读班的活动。

2005年，佳福社区居委会加入鼎佳组织的外部支持者行列，主要负责提供经典诵读活动场所。

2006年，"经典诵读推广第一人"王财贵及其儿童经典诵读推广团体（经典诵读推广公司和经典诵读推广中心等）对鼎佳组织的活动进行支持和指导；佳丰社区居委会也开始为他们提供经典诵读活动场所。

2007年，英远小学和晁望寺为他们提供活动场所。

2008~2009年，丰景社区居委会、景保希望小学、乐林敬老中心、佳敬阳光中心、英远运动中心成为鼎佳组织的外部支持者。

此外，自2005年以来，每年全国各地都有一些经典诵读推广组织（如上海孟母堂、北京香堂孔子学校、天津私塾、娄底私塾、株洲私塾等）成为支持鼎佳组织经典诵读活动的盟友，他们从师资培训、活动指导等方面支持鼎佳组织的经典诵读活动。因此，鼎佳组织的外部支持者越来越多（见图4-4）。

2. 华山组织的支持者数量的上升

华山组织于2007年成立，进入2008年后由非正式组织转变成正式组织，两年多来，他们的外部支持者数量也在不断上升。

2007年，华山组织在还没有活动场地和正式机构时，已经动员西州传统文化学校和海佳投资公司成为他们的外部支持者。华山组织的负责人张校长是西州传统文化总校校长的弟子，又与海佳投资公司的总经理是很好的朋友，利用这样的关系，华山组织于2007年以海佳投资总公司下属文化公司的名义，并按照西州总校的师资和教学设置开始进行暑假经典诵读推广活动。

2008年，华山组织正式成立华山经典诵读学校和华山国学会馆，开展弘扬传统文化活动，并得到D区政府及其下属一些行政部门、名人、媒体等外部者的支持。因此，华山组织的外部支持者也越来越多（见图4-5）。

经典诵读的社会动员机制

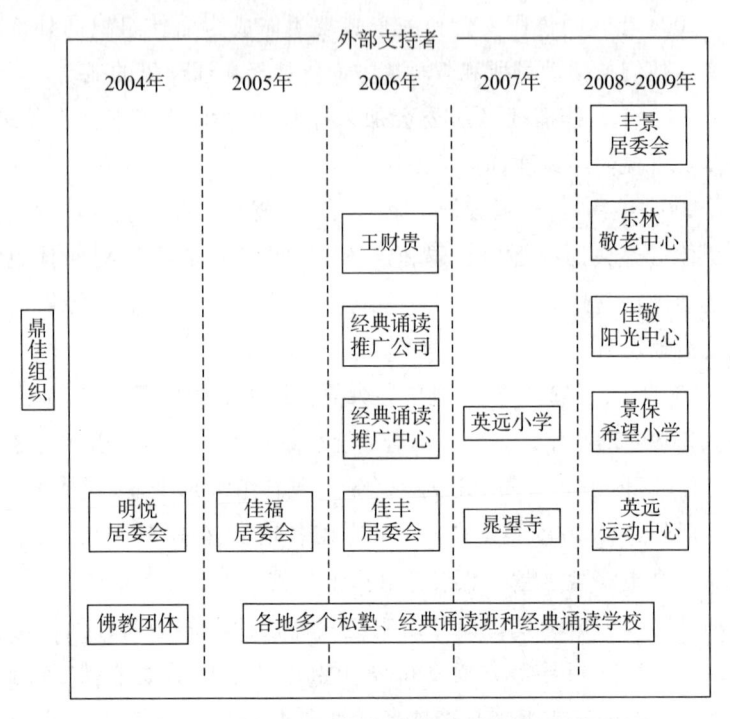

图4-4 鼎佳组织的外部支持者及其加入时间

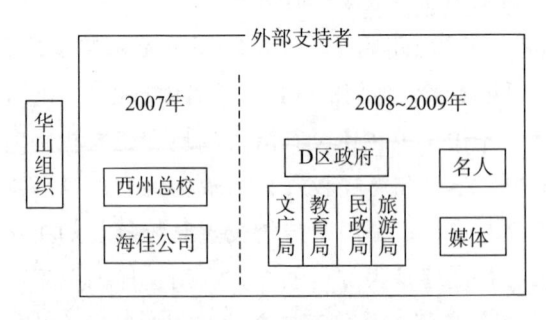

图4-5 华山组织的外部支持者及其加入时间

3. 两个组织的支持者数量上升总况

如果将鼎佳组织和华山组织的外部支持者放在一起来考察，将得到D区基层社会经典诵读推广组织近六年来外部支持者数量上升情况的完整图（见图4-6）。

第四章　当代中华文化经典诵读活动的成员动员

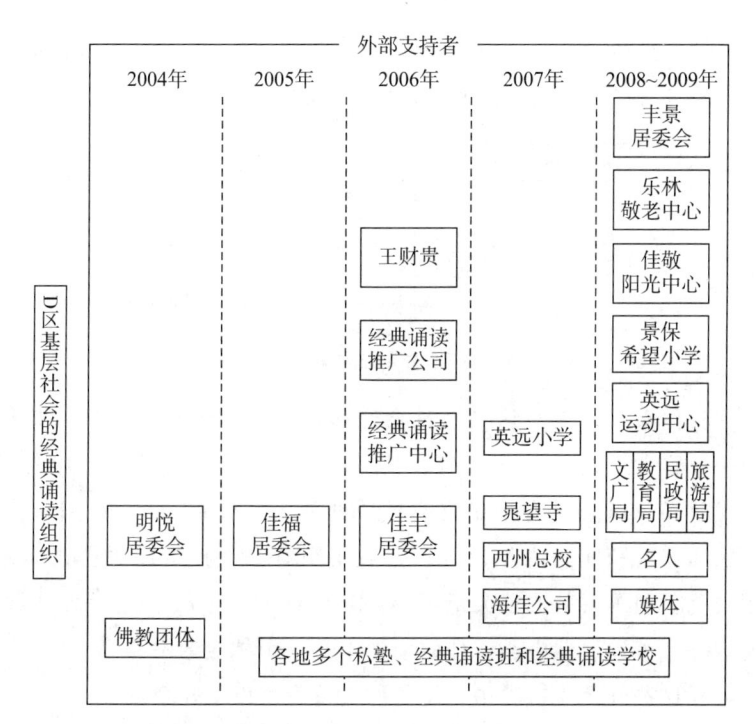

图4-6　D区基层社会经典诵读推广组织的外部支持者及其加入的时间

4. 支持者数量上升对基层社会经典诵读的影响

孤立的、资源匮乏的基层社会经典诵读推广组织的力量是弱小的。但是，自身力量的弱小并不代表这些组织无法发起具有深刻影响的群体行动。从D区的两个基层社会经典诵读推广组织来看，其自身的力量无疑是很弱小的，而且资源非常有限，但是近几年却产生了很大的影响，重要的原因之一在于近六年来D区基层社会经典诵读活动外部支持者的不断增加。外部支持者迅速增加，使原本孤立的、资源比较匮乏的基层社会经典诵读推广组织获得更多的物质资源和同盟军，大大增强了自身的力量，从而获得了意想不到的发展。

（二）支持者的基本构成及其影响

1. 支持者的基本构成

外部支持者数量众多，既包括个人，也包括组织。其中，个人

经典诵读的社会动员机制

主要是一些私人企业老板、个体经营者、佛教信徒、名人等，组织则主要包括官方组织、企业组织和基层社会组织等（见图4-7）。

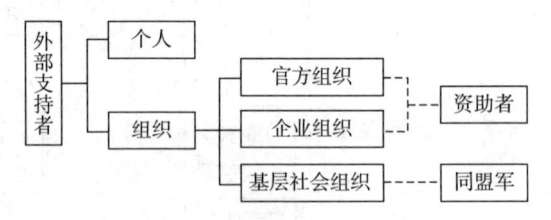

图4-7 外部支持者的构成

具体来看，在D区基层社会经典诵读推广组织的外部支持组织中：官方组织有D区政府及其下属的教育局、文广局、旅游局和民政局，以及具有一定官方性质的明悦、佳福、佳丰、丰景等社区居委会和体制内学校等；企业组织有海佳投资集团公司和南绍文化公司等；基层社会组织有西州传统文化学校、上海孟母堂、晁望寺、英远运动中心、佳敬阳光中心、乐林敬老中心等。

在这些外部支持者中，主要的支持者有以下几个。

一是南绍文化·经典诵读教育推广中心和南绍文化传播有限公司。南绍文化·经典诵读教育推广中心成立于1999年5月，其前身为中华文化研习中心，是内地最早的经典诵读推广机构，目前是中国孔子基金会的成员机构[①]。该中心还有另外一个身份——南绍文化传播有限公司。该公司于1999年注册成立，对外推广时使用中心名义，经营收入以出售诵读经典教材为主，许多地方的现代私塾和经典诵读班的教材由该公司提供。

二是西州传统文化学校。该校成立于1998年8月，是中国内

[①] 南绍文化·经典诵读教育推广中心的职能主要有：印发中华文化经典诵读教育理念VCD、手册等；组织安排王财贵教授等经典诵读教育专家在内地做演讲；中、英文经典诵读教育师资培训及教学研讨；中、英文经典诵读教育理论及课程研究；中国传统音乐和艺术教育的研究和推广；儿童唱唐诗与现代教育课程运用的研究和推广；提供各种经典诵读教育资料；提供教学的有关咨询服务，并协助各地开展经典诵读活动。

第四章 当代中华文化经典诵读活动的成员动员

地较早专门从事中国传统文化教育的民办股份制非学历教育机构。总校面积7000平方米，设有配备空调及专业音响的展示厅、瑜伽房、中医室、儒学讲堂、图书室、茶室等专业教室和场地，学校固定资产四百万元，藏书两万多册，藏书量位于西州市民办教育机构前列。近年来，总校充分运用现代管理模式，以相同的教育理念、统一的教学内容，先后在北京、香港、贵州等地建立了连锁教育机构，并于2005年成功地运用现代互联网信息技术，开设了网络课堂，现其教学已经辐射京、沪、渝、港、吉、苏、浙、晋、鲁、皖、云、贵、川等省市地区，进一步扩大了学校的知名度和影响力。

三是H市海佳投资（集团）有限公司。该公司位于H市D区，是一家涉及文化教育、健康事业和房地产等产业的多元化集团公司，下设职业培训学校、人力资源有限公司、经典诵读学校、文化发展有限公司、因陀罗文化传媒有限公司、信息科技有限公司、国学会馆、国医堂、社会福利院、人才家园网等多家机构。

四是政府部门。D区传统文化资源丰厚，政府对传统文化资源的开发非常重视，希望将弘扬传统文化作为自身的一个"名片"。因此，政府对D区的传统文化采取不少措施加以支持和扶持。

五是各地私塾和经典诵读班。D区基层社会经典诵读推广组织与宁波私塾、北京香堂孔子学校、天津孔子学校、苏州私塾、株洲私塾、娄底私塾、上海孟母堂等各地私塾和学校来往很密切，他们相互交流教学经验、办学经验等，在师资和活动等方面相互支持。

2. 支持者基本构成对基层社会经典诵读活动的影响

根据对D区经典诵读组织的主要支持方式的不同，笔者将上述外部支持组织分为资助者和同盟军。资助者是指主要从资金和场所等物质资源方面支持基层社会经典诵读推广组织开展经典诵读活动的外部组织，同盟军是指从道义和话语等方面声援基层社会经典诵读推广组织开展活动的外部组织。当然，这种分类是相对的，因为有一些资助者也是同盟军的一员，如鼎佳经典诵读班通过参加社区居委会组织的活动、代表居委会参加一些比赛活动、邀请居委会主任"指导"经典诵读活动、以居委会的名义[①]开展活动等方式，争取让这些社区居委会成为他们的"盟友"。同盟军并不仅仅是声援，也在一定程度上对基层社会经典诵读推广组织进行资助，如公益组织为基层社会经典诵读推广组织提供活动场所，西州传统文化学校为华山组织提供相当数额的活动资金。

因此，支持者对基层社会经典诵读活动主要在以下两个方面具有促进意义。

（1）为基层社会经典诵读活动提供资源

其中，D区政府、海佳投资集团公司、居委会、体制内学校以及一些私营企业主等组织和个人主要从资金和场所等物质资源上大力支持基层社会经典诵读推广组织开展经典诵读活动。D区政府通过以财政拨款开展文化建设的方式从资金上支持华山经典诵读学校租借江登别墅群、举办国学讲座等；海佳公司则直接租借别墅群，并支付华山经典诵读学校员工的工资，提供学校的各项活动经费，负责装修和维护别墅群；居委会和体制内学校则为基层社会经典诵读推广组织提供活动场所；西州传统文化总校在资金、师资、场所、师资培训、课程设置、沙龙安排、教材等方面支持华山组织；私营企业主等提供资金、车等资源。

（2）对基层社会经典诵读活动进行声援

宁波私塾、北京香堂孔子学校、天津孔子学校、苏州私塾、株洲私塾、娄底私塾、上海孟母堂等各地私塾和经典诵读班、经典诵读学校、传统文化学校通过相互交流经典诵读经验、互派导读老师、进行师资培训等方式，从道义和话语等方面声援基层社会经典诵读推广组织，多方遥相呼应、相互支持、互为同盟军。至于阳光中心和敬老中心等公益组织，既是基层社会经典诵读推

[①] 一般是以居委会主办、经典诵读班承办的方式进行。

广组织的资助者也是同盟军①。

总之，外部支持者——个人及官方组织、企业组织和基层社会组织分别以资助和联盟两种不同的方式有力地支持 D 区基层社会经典诵读活动的发展。

第二节 经典诵读活动的成员动员

D 区基层社会经典诵读活动的成员包括内部参与者和外部支持者，但是，内部参与者的动员对基层社会经典诵读活动具有更直接的影响，因此本节主要探索 D 区基层社会的经典诵读推广组织对内部参与者的动员。内部参与者包括推广主体、辅助成员（家长）和受教育者三类，由于受教育者中的儿童是否被动员几乎是由家长决定的，因此笔者主要对推广主体和辅助成员（家长）（统称"内部成员"）的动员情况进行了解和分析，具体来说就是主要探讨基层社会组织对内部成员动员（以下简称"成员动员"）的过程、效果，动员网络的特点，以及成员动员对经典诵读活动兴起和发展的影响。

一 成员动员的策略、效果及影响

接下来笔者将分别介绍鼎佳组织和华山组织对内部成员的动员策略、效果及影响。

（一）成员动员的策略

D 区基层社会的经典诵读推广组织在短短的几年内动员成百上千人参加经典诵读活动，这个过程实际上并不容易。对于狭义的经典诵读，家长们的反应有很大的不同：有些家长欢呼雀跃，认为这是最好的教育方式；有些家长质疑其效果，一直处于摇摆不

---

① 鼎佳组织主要通过打造公益理念、弘扬中华民族优秀传统文化等方式，争取让其他个人和团体（如佛教团体、英远小学、景保希望小学、英远运动中心、佳敬阳光中心、乐林敬老中心）成为他们的"盟友"，并为他们提供活动场所。

经典诵读的社会动员机制

定的状态，使孩子在经典诵读班中进了又退、退了又进；有些家长让孩子进入经典诵读班纯粹就是为了有人"管"；有些家长完全置之不理，认为这是很"疯狂的"举动；有些家长则强烈反对经典诵读……对于广义的经典诵读，即弘扬传统文化，人们的态度大致如家长对狭义经典诵读的态度——欢呼、质疑、不屑、反对等。因此，尽管有不少基层社会经典诵读推广组织成员满腔热情地要让更多孩子和成人从经典诵读中"受益"，甚至有近乎"传福音"式的冲动，但是他们受到的冷眼也不少。

即使如此，近六年来，D区基层社会经典诵读活动的参与者数量仍然呈持续上升的趋势。这种上升跟基层社会经典诵读推广组织采取的策略有很大的关系。在这些策略中，主要有"示范""降压""体验"等。

1. "示范"策略

所谓"示范"，即通过向熟人"展示"经典诵读儿童的实际变化来吸引家长和其他人对经典诵读的关注。鼎佳组织成员常在参加同学、朋友、同事聚会等社交活动时，带上他们自己的经典诵读孩子，让其他家长看到参加经典诵读儿童产生的巨大变化，以进行动员宣传，从而使更多家长和孩子加入经典诵读行列。

以尧奶奶为例，她在与其他认识的家长接触时，经常带上自己诵读经典的孙子。她的孙子在其他人面前总显得非常有礼貌，而且能够非常流利地背诵中英文化经典。孙子的表现使许多家长不由得另眼相看，并追问尧奶奶教育孩子的"秘方"。尧奶奶就把孙子参加经典诵读的经历告诉他们。于是许多家长带孩子加入了经典诵读班。

再以尹家长为例，尹家长是D区一家保险公司的职员，丈夫在一家运输公司工作。她虽然很早听说过经典诵读这回事，但并不以为意。夫妻二人拼命挣钱，发誓要让女儿接受良好的教育，要让自己的女儿上国内最好的学校；如果不行，就将女儿送到国外接受教育。他们对女儿所有与教育有关的要求几乎有求必应，

第四章　当代中华文化经典诵读活动的成员动员

他们还带女儿参加各种各样的才艺培训班和学习辅导班。但是让他们很伤心的是，他们的辛苦和关爱并没有得到应有的回报。女儿越来越不听话、越来越"不像话"：反感父母，反抗父母，整天就想看电视，一坐就是好几个小时。这让他们束手无策，对此他们感到非常烦恼，于是就带自己的女儿来参加经典诵读班试试看。没有想到，她的女儿竟然发生了很大的变化，非常听家长的话，也勤做家务，对人也变得非常有礼貌。之后，作为保险公司员工的尹家长经常在进行业务推销的同时，热心地向其他家长推广经典诵读，有时会带上女儿向同事、朋友、亲戚和客户"展示"自己女儿的变化，并引起了一些家长的关注，于是有更多的人参与到经典诵读活动中①。

2. "降压"策略

所谓"降压"，是指给所有经典诵读活动参与者降低参加活动的压力，即把参加经典诵读活动当作一件非常轻松、快乐的事。参加经典诵读是否会增加儿童的负担，家长在其中真的能起到教育者的作用吗，导读老师会不会有很大压力，这些都是所有经典诵读参与者所担心的。但是，王财贵认为教育是非常简单的事：

> 今天就说一件事，请老师这辈子务必记住：教育是非常简单，轻松愉快的事，培养人才不费吹灰之力。老师要有爱心、恒心、耐心，只要了解到教育本质，这三心是可以不必这么强调的。孩子是那么纯真洁净，他的品德我们只要不破坏就很好了。孩子生下来潜能无穷，我们只要不障阻他就不错了。许多老师、家长一直在残害、障阻我们的孩子，所以国家没了人才，以后千万不要再那么努力了，千万千万、拜托拜托了。
>
> …………
>
> 我们只要会讲一句话，就可以当经典诵读的老师了，就

---
① 见编号108号的访谈记录。

可以指导他文化的进度了。不管你是老师,还是家长,你都可以把这句话教给你的同事,教给你的学生家长们。同样,会讲这句话就可以教诵读经典。一辈子都这样教的话,效果将很显著。儿童一辈子都记得你,都会感激你。这句话只有六个字,这六个字很简单。请各位注意,就是"小朋友,跟我念"。我把这个叫作诵读经典教学"六字真言"[①]。

王财贵认为,经典诵读是一种伟大的教育活动,而且这种教育活动非常容易:小朋友只要背诵经典,不必理解;而家长和老师只要督促或带领儿童诵读就行了,不必解释。王财贵的这种教育方法,经常被 D 区基层社会的经典诵读推广组织者拿来宣传,从而消除家长和导读老师的心理压力和畏难心理。

3. "体验"策略

至于华山组织,他们主要向成人弘扬传统文化和民族精神。他们对这些成人主要采用了"体验"策略,即通过让成人参加华山组织开展的传统文化体验、学生国学沙龙、养生培训、放生、传统武术培训等活动,感悟和体察传统文化中的"天人合一""顺应自然"等精神,从而对传统文化产生某种憧憬,进而参加华山组织开展的各项活动。

如颜老师在传授《达摩易筋经》十二式时,在每一招式中都灌输了整体运动的思想,要求练习者适时调整形体与意念,时刻体会生命不止、运动不息的理念,以达到消除身心障碍之效果。

(二) 成员动员的效果

D 区基层社会经典诵读推广组织采取各种动员策略,并积极进行宣传和动员。D 区基层社会经典诵读活动自 2004 年兴起以来,参与者的数量大幅度上升(见表 4-9)。

[①] 王财贵:《一场演讲,百年震撼》,北京师范大学演讲稿,2001。

第四章 当代中华文化经典诵读活动的成员动员

表4-9 D区基层社会经典诵读活动参与者数量的变化

单位：人，%

年/月	诵读经典儿童	诵读经典儿童家长及志愿者老师	诵读经典儿童、家长和志愿者老师人数总和	增长率
2004年8月	3	3	6	—
2004年12月	15	30	45	650
2005年	50	100	150	233
2006年	150	200	350	133
2007年	250	500	750	114
2008年	350	700	1050（+500）	40（107）

注：①由于经典诵读儿童的数目常有变动，因此笔者对这些数字进行了一定的居中处理，如将10多人记为15人、100多人记为150人等，以便进行统计。②表4-9中2008年一栏中第一个括号里的数字+500是华山经典诵读学校参与经典诵读活动的人数，而第二个括号中的数字107是整个D区参与经典诵读活动的人数（鼎佳经典诵读班加华山经典诵读学校）与2007年经典诵读人数相比的增长率。

将表4-9转换成图，可以更直观地看到D区基层社会经典诵读参与者数量的变化情况（见图4-8）。

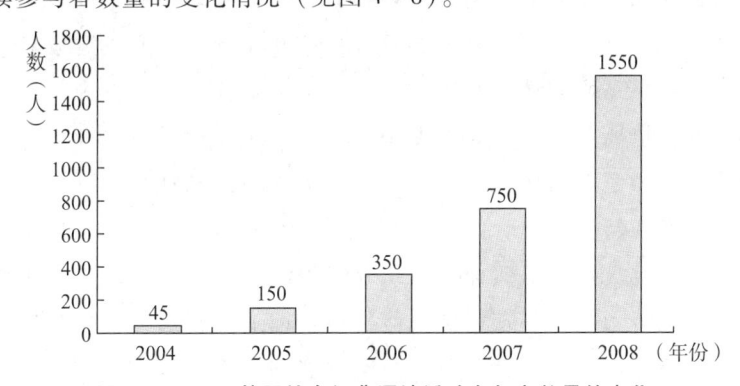

图4-8 D区基层社会经典诵读活动参与者数量的变化

从表4-9和图4-8可以看出，在D区基层社会经典诵读活动的发展过程中，参与经典诵读活动的人数增长速度非常快。

2004年8月成立的家庭经典诵读班只有尧奶奶、翁奶奶和李奶奶3名老太太和3名儿童，而到12月，该诵读班经典诵读儿童人数上升为10多人，儿童家长和志愿者老师人数为30人。

131

2005年，参与社区经典诵读班的正式在册儿童上升到50人，参与其中的儿童家长和志愿者老师上升到100人①。

2006年，正式在册的经典诵读儿童上升为100多人，经典诵读儿童家长和志愿者老师的数量上升为200多人左右。

2007年，正式在册的经典诵读儿童已经达到200多人，儿童家长和志愿者老师人数升至500人。

2008年，D区参与经典诵读活动的儿童在册登记的有300多人，儿童家长和志愿者老师人数又升至700人，如果再加上华山经典诵读学校的员工、接受经典诵读教育的儿童和成人，那么参与基层社会经典诵读活动的内部成员就在1500人左右。

（三）参与者数量与基层社会经典诵读活动

D区基层社会经典诵读参与者数量的上升，促进了基层社会经典诵读活动的进一步发展。"社会运动和革命的产生需要有一些共同条件，但是这些条件本身既不是社会运动也不是革命，只有在大量群众加入社会运动和革命行列后，社会运动才从条件转化为现实。"② 这说明，一项新社会活动的成功发起，需要一定数量的物质资源并采取各种策略动员它们，但是新社会活动作为一项集体行动，也离不开充分动员那些潜在的和已经参与其中的成员。只有发动一定数量的成员，让他们积极参与到新社会活动中，才有可能实现新社会活动的顺利进行。

从D区来看，虽然鼎佳组织和华山组织手中可支配的资源以及外部支持者数量都在增加，但是这种增加并不意味着基层社会经典诵读群体活动就会实现。只有众多的参与者被发动起来，才

---

① 由于经典诵读儿童背后有家长支持，而这些家长可能包括父亲、母亲、爷爷、奶奶、外公、外婆6名，他们未必都支持，但是总体上来看，这6名家长中至少有2人支持是没有问题的，因此笔者把这些家长人数假定为儿童人数的两倍——这个数目只多不少。至于志愿者老师的数量，在统计中不必另外计算，因为志愿者老师绝大部分是家长之一。

② 赵鼎新：《社会与政治运动讲义》，社会科学文献出版社，2006，第239页。

能扩大基层社会经典诵读活动的影响，壮大基层社会经典诵读活动的声势，形成具有相当规模的经典诵读群体活动。

二 成员动员的过程、网络及影响

经过不断地使用"示范"和"体验"等动员策略，鼎佳组织和华山组织不断动员新的成员加入。接下来先分别来看这两个组织成员动员的具体过程，再看成员动员的效果。

（一）成员动员的过程及其网络

1. 鼎佳组织的成员动员过程及其网络

自2004年鼎佳组织成立以来，他们不断地动员家长们带领孩子参加经典诵读活动，其动员的具体过程如下。

在成立家庭经典诵读班前，一直很关心自己两个孙子成长的尧奶奶无意间参加了一个"儿童经典诵读教育"推广讲座，并深受儿童经典诵读教育理念的影响。于是她开始动员自己的小儿媳和小儿子将他们的孩子——尧奶奶3岁的小孙子给她带着诵读《弟子规》。小孙子居然能够很快背出这些连大人都觉得头疼的经典。于是她又动员大儿子把大孙子也送过来一起诵读经典，这样她就成功地动员了两个儿子及儿媳支持自己的经典诵读活动。接着她又把自己的经历告诉自己的两位老朋友——翁奶奶和李奶奶，并用自己的两个孙子加以"展示"，她希望她的这两个老朋友的孙子、孙女同样受益。翁奶奶和李奶奶也很关心自己孙子、孙女未来的教育问题，她们看到尧奶奶的两个孙子能够在不识字的情况下背诵出这么多文字，且非常讲礼貌，于是决定也让自己的孙子、孙女参加试试看。但是，李奶奶的儿子、儿媳反对孩子诵读经典。因此，李奶奶只能自己平时去尧奶奶家"观摩"另外三个小孩诵读经典，然后回到家里偷偷带孙子诵读经典。结果这个孙子很快也能够背诵经典，而且也比以前懂礼貌，孩子的父母也因此被说动，同意让孩子参加经典诵读班（后来儿子和儿媳还成功地动员了他们的一个同事参加）。

此后，鼎佳组织的三位"元老"尧奶奶、李奶奶和翁奶奶，

经典诵读的社会动员机制

以及她们自己的家人（丈夫、儿子、女儿、儿媳、女婿等）又继续动员熟人带孩子参加诵读经典。

李奶奶在成功说服自己儿子和儿媳同意孙子参加经典诵读后，又动员自己原来的同事钱奶奶及其儿子和儿媳送他们的双胞胎小孩参加经典诵读，钱奶奶及其儿子、儿媳又动员他们的朋友、亲戚来参加经典诵读。

尧奶奶在成功动员了自己的两个儿子、李奶奶、翁奶奶送小孩来参加经典诵读后，又动员了自己的外甥女叶老师参加经典诵读。叶家长最初以为经典诵读是迷信，后来又认为古老的文化已不适合当今时代潮流。但一直为自己儿子教育问题所苦恼的她还是决定试一试，于是就带着儿子诵读经典，结果发现诵读经典对儿子的教育作用非常大。于是，她又动员了许多亲戚、同事、同学和朋友——包括她同事周家长、吕家长，同学季家长，朋友简家长、梁老师等——带孩子来参加经典诵读，这些被动员者最后有不少成为经典诵读班的组织者和志愿者老师。叶老师后来成为 D 区鼎佳组织的总负责人，成为 D 区基层社会经典诵读活动的最热心推广者。此外，她自己的公公和婆婆也积极动员自己的战友、同事等送小孩来参加经典诵读。

季家长被同学叶老师动员之后，由于她是自己女儿所在小学的家长会的成员，因此她利用这个家长会动员家长会里的成员带孩子参加经典诵读。其中就动员了吴家长带女儿来参加经典诵读。吴家长也开始带女儿来参加经典诵读，并对经典诵读着了迷，于是自我推荐任导读老师，后来还成为经典诵读班的负责人之一。

周先生被同事叶老师动员之后，让自己的儿子参加了经典诵读班。而接送他儿子诵读经典的是周家长的妈妈——周奶奶，周奶奶又开始动员与自己同社区的熟人印家长和她儿子来参加经典诵读[①]。印家长

[①] 印妈妈在 2005 年观看了儿子从学校里借来的王财贵演讲光盘，在观看过程中已经动心，但不知具体如何进行经典诵读。后来，周奶奶到她们的社区动员儿童参加经典诵读，她借此机会让儿子参加了经典诵读。

第四章　当代中华文化经典诵读活动的成员动员

继续动员她的朋友尹女士（后成为志愿者老师之一）带女儿来参加经典诵读，而尹女士又向自己的客户介绍经典诵读并动员他们带孩子来参加诵读经典……

根据鼎佳组织的成员动员过程，笔者描绘出该组织的成员动员网络（见图4-9）。

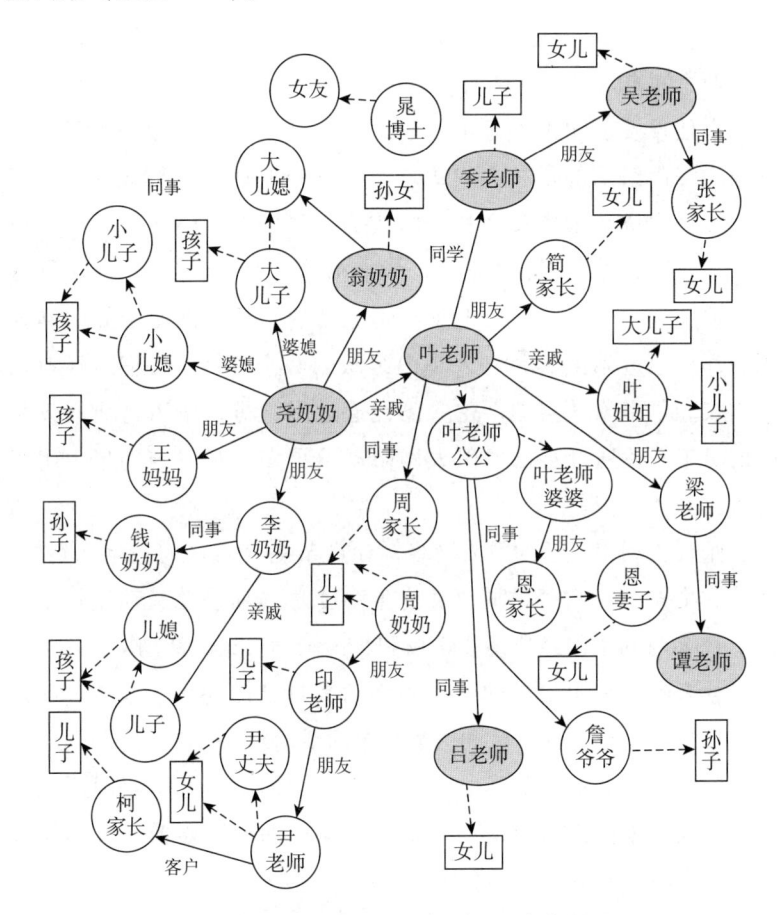

图示说明：□经典诵读儿童　○家长/志愿者老师　●负责人
⟶ 家庭外部动员方向　--▶ 家庭内部动员方向
⟶ 同事（指双方关系）

图4-9　鼎佳组织的成员动员网络

135

2. 华山组织的成员动员过程及其网络

与鼎佳组织对内部成员的动员过程有所不同的是，华山组织对内部成员的动员过程首先是进行招聘，此后则转变成通过熟人关系进行动员，其动员的具体过程如下。

华山组织实际上受西州传统文化学校和海佳投资公司共同管理，因此华山组织最早的两名成员——张校长和杜老师分别来自以上两个机构。由于张校长既是西州传统文化学校校长的弟子，又是海佳投资公司总经理的朋友，加上其经济学专业的背景，因此成为华山组织的最核心组织者。华山经典诵读学校成立时，海佳投资公司招聘张校长和杜老师成为最早的两名员工，之后还招聘了苏员工、龙员工、万博士、伊老师等。

但此后，其他新的员工及国学会馆的会员，都变成如同鼎佳组织那样通过熟人关系进入华山组织的两个机构——华山经典诵读学校和华山国学会馆。这些已经通过招聘进入华山经典诵读学校的员工开始通过自己的熟人网络动员更多人员参与到华山组织的机构和活动中。

张校长利用自己的熟人网络，动员亲戚（自己的爸爸、妈妈、妹妹、丈夫）[①]、曾经的同事艾先生和姜总（而姜总又动员自己的员工）参与到华山经典诵读学校和华山国学会馆的活动中。

杜老师也利用自己的熟人网络动员自己的同事、亲戚、朋友等参加华山经典诵读学校和国学会馆的活动。

苏员工动员自己的同学周研究生参加国学沙龙，而周研究生又动员同学朱博士，朱博士接着动员自己的同学聂博士和鲍研究生，他们最后都成为国学会馆的会员。

伊老师动员同事颜老师、自己弟子申研究生和王研究生，而王研究生又动员自己的妈妈（章妈妈）到华山经典诵读组织做义

[①] 对于华山组织这种熟人动员的方式，张校长最喜欢说的一句话是，孔子的学生都是他的七姥八舅，都是亲戚朋友。

工（后来章妈妈被聘为员工），龙员工动员自己的男友，万博士动员自己的丈夫……

此外，华山组织还通过国学沙龙的宣传方式吸引杨大学生、宫大学生参加，宫大学生又动员他弟弟宫员工和同学倪大学生参与到经典诵读活动中。

根据华山组织对内部成员的动员过程，笔者也描绘出华山组织的成员动员网络（见图4-10）。

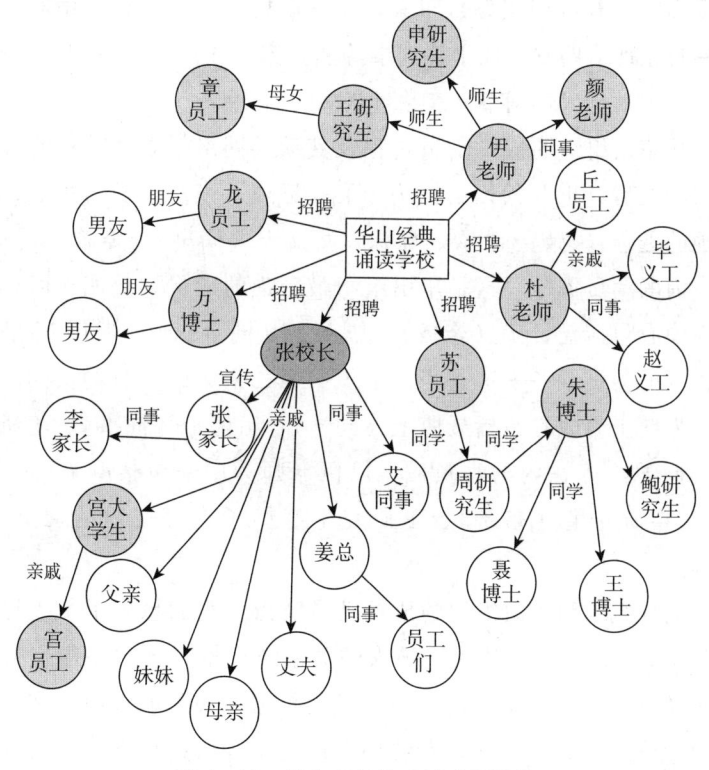

图4-10 华山组织的成员动员网络

（二）动员网络特点及其影响

1. 动员网络的特点："差序性"

根据鼎佳组织的成员动员过程，并结合其动员网络，笔者看到，鼎佳组织在成员动员过程中，形成了一个又一个以每一个热心家长为中心的动员圈。如以尧奶奶为中心,包括她自己大儿子、大儿媳、小儿子、小儿媳、外甥女叶家长、李奶奶、翁奶奶、王妈妈等亲戚和朋友在内的动员圈;以李奶奶为中心,包括她儿子、儿媳、钱奶奶(同事)、钱奶奶的儿子和儿媳等在内的动员圈;以叶老师为中心,包括周家长(同事)、吕家长(同事)、季家长(同学)、简家长(朋友)、梁老师(朋友)等在内的动员圈;以季家长为中心,包括其女儿所在学校的家长会的几个成员在内的动员圈;还有以周奶奶、印家长、尹家长等热心家长为中心,包括各自亲戚、朋友、同学、同事等熟人家长在内的动员圈。因此,鼎佳组织动员成员网络具有数量众多的动员圈。

从华山组织的成员动员过程及其动员网络来看,最初的成员被招聘之后,也开始以自己为中心,形成了以张校长为中心,包括她的爸爸、妈妈、丈夫、妹妹、艾女士(同事)、姜总(同事)等在内的动员圈——这是华山组织最密集的成员动员圈,以杜老师为中心包括丘员工(亲戚)、毕义工(同事)、赵义工(同事)等在内的动员圈——这是华山组织中第二密集的成员动员圈。还有以朱博士为中心包括聂博士(同学)、王博士(同事)、鲍研究生(同学)等在内的动员圈,以伊老师为中心包括颜老师(同事)、申研究生(弟子)、王研究生(弟子)等在内的动员圈,等等。

鼎佳组织和华山组织的成员动员特点让我们想起了"差序格局"一词。费孝通[①]认为中国人的关系结构是一个"差序格局",是一颗石子投入水中后泛起的涟漪。根据前文对鼎佳组织和华山组织动员网络的分析,笔者看到当代基层社会经典诵读活动的成员动员具有类似费孝通所讲的"差序格局"的特点。

由于基层社会经典诵读活动的内部成员动员具有差序格局的特点,因此,借用费孝通"差序格局"的提法,笔者把"差序性"

---

① 费孝通:《乡土中国 生育制度》,北京大学出版社,1998,第24页。

第四章　当代中华文化经典诵读活动的成员动员

当作基层社会经典诵读活动的成员动员网络的特点。

2. 动员网络特点与基层社会经典诵读活动

D区基层社会经典诵读推广组织的成员动员网络的"差序性"特点对基层社会经典诵读的发展具有重要作用。实际上，国外一些学者曾专门对传统文化复兴的成员动员进行研究，发现人际关系纽带在成员动员中扮演重要角色[1]。梯利也认为，一个群体内部的人际关系越密切，该群体的组织力量就越强[2]。本书的研究也发现了D区基层社会经典诵读推广组织内部成员等熟人间的人际关系对经典诵读活动的重要作用。

从本书研究个案来看，鼎佳组织和华山组织的成员动员的"差序性"特点，使每一个内部成员都成为或可能成为成员动员的中心，不断地动员和发动熟人家长（朋友、同事、亲戚）带孩子来参加经典诵读活动，从而向周围不断扩大，以滚雪球的方式动员越来越多的熟人家长带孩子来参加经典诵读活动，这种"差序

---

[1] Lofland, John and Rodney Stark, "Becoming a World-Saver: A Theory of Conversion to a Deviant Perspective," *American Sociological Review* 30 (1965): 862–875.
Lofland, John, *Doomsday Cult*, New Jersey: Prentice-Hall, 1966.
Bainbridge, William Sims, *Satan's Power: Ethnography of a Deviant Psychotherapy Cult*, Berkeley: University of California Press, 1978.
Phillips, Derek, "Social Participation and Happiness," *American Journal of Sociology* 72 (1967): 479–488.
Lynch, Frederick, R., "Toward a Theory of Conversion and Commitmentto the Occult," *American Bechavioral Scientist* 20 (1977): 887–907.
Lynch, Frederick, R., "Occult Establishment or Deviant Religion? The Rise and Fall of a Modern Church of Magic," *Journal for the Scientific Study of Religion* 18 (1979): 281–290.
Richardson, James and Mary Stewart, "Conversion Process Models and the Jesus Movement," *American Behavioral Scientist* 20 (1977): 819–838.
Gaede, Stan, "A Causal Model of Belief-Orthodoxy: Proposal and Empirical Test," *Sociological Analysis* 37 (1976): 205–217.
Roberts, Bryan, R., "Protestant Groups and Coping with Urban Life in Guatemala City," *American Journal of Sociology* 73 (1968): 753–767.

[2] Tilly, Charles, *From Mobilization to Revolution*, New York: Random House, 1978.

性"关系网络的熟人特点有利于增进彼此间的凝聚力,并采取共同行动来开展集体的基层社会经典诵读活动,同时也有利于动员大量人员参与基层社会经典诵读活动。

第三节 经典诵读活动的组织结构

基层社会经典诵读活动的成员动员过程还与该活动的组织结构有关。这要求笔者对基层社会经典诵读推广组织的结构进行分析,并探讨这些结构对基层社会经典诵读活动的发展有什么影响。

一 经典诵读组织的组织结构

鼎佳组织与华山组织的结构有些不同,这就需要笔者对这两个组织的组织结构分别进行了解和分析。首先来看鼎佳组织的组织结构(见图4-11)。

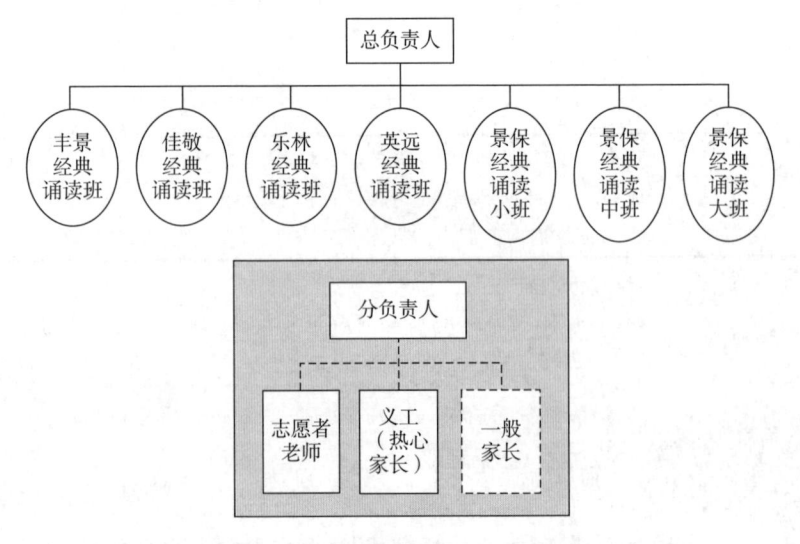

图4-11 鼎佳组织的组织结构示意

注:实线框中〔"总负责人""分负责人""志愿者老师""义工"("热心家长")〕是一些比较固定的成员,是基层社会经典诵读推广的组织成员;虚线框中("一般家长")是辅助成员;虚线表示成员之间的控制力比较弱。

第四章 当代中华文化经典诵读活动的成员动员

鼎佳组织设有七个经典诵读班，每个经典诵读班都有一名分负责人，负责组织各自经典诵读班活动的开展。分负责人"管理"三部分人：志愿者老师、义工（主要由热心家长组成）和一般家长。一般每个班需要两到三名志愿者（比较固定），也可以更多，这些志愿者老师由分负责人"分配"工作，带领经典诵读班的孩子诵读经典。分负责人对义工也有一定的"管理"权限，但仅限于在义工参加经典诵读班后对其"分配"协助性的工作。对于一般家长来说，分负责人对他们的"管理"很少，毕竟他们只是辅助成员。可见，分负责人虽然对志愿者老师、义工和一般家长的"管理"权限不同，但是实际上并没有什么权力，对志愿者老师、义工和一般家长基本没有约束力，只是分工不同。七个经典诵读班需要有一名成员来负总责，于是其中最有权威的分负责人叶老师成为总负责人。同样地，叶老师也没有什么实际权力，与其他分负责人之间也是平等的关系，只是存在分工的不同。因此，鼎佳组织实际上是一个非常松散的组织。

其次来了解华山组织的组织结构。华山组织设有两个机构：华山经典诵读学校和华山国学会馆。华山经典诵读学校设有校长，校长管理成员和义工。华山经典诵读学校是一个正式的组织，校长对成员拥有领导权，拥有较强的约束力。至于义工，则没有多少权限，与鼎佳组织一样。同样，华山国学会馆设有馆长，馆长领导会员。会馆也是一个正式组织，但与经典诵读学校相比，馆长对正式会员的约束力要相对弱一些，对于非正式会员更是如此（见图4-12）。

华山组织虽然有两个机构，但实际上是"两套班子，一套人马"（见图4-13）。

也就是说，华山经典诵读学校的校长兼国学会馆的馆长，员工即正式会员，义工也多为非正式会员（当然，并非所有的义工都注册成为非正式会员）。因此，两个机构相当于一个机构，它们的组织结构也基本等同于华山组织的组织结构，是一个比较严密的结构。

经典诵读的社会动员机制

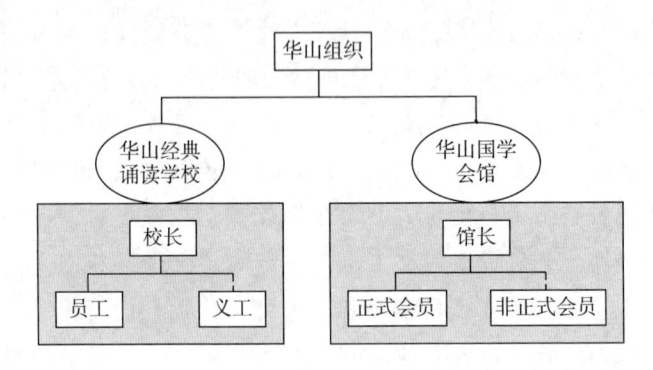

图 4-12 华山组织的组织结构

注：实线框中的成员（"校长""馆长""员工""正式会员"）是正式、比较固定的成员；虚线框中的成员（"义工""非正式会员"）是非正式、流动性较大的成员；虚线表示成员之间的控制力比较弱。

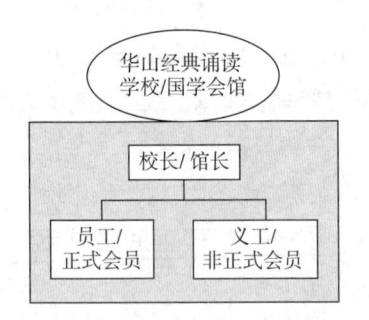

图 4-13 华山组织实际的组织结构

总的来说，鼎佳组织的组织结构是一个相对松散的结构，总负责人对分负责人没有多少约束力，分负责人对志愿者老师、义工和家长的约束力也很有限，他们只是分工的不同；华山组织的组织结构则是一个相对严密的结构，校长和馆长对成员和正式会员有较强的约束力，领导和指挥员工、正式会员开展各项工作。

二 组织结构与基层社会经典诵读活动

组织结构在集体行动中扮演着重要的角色，不同的结构对集体行动的推动作用不同：有正式成员、等级结构、核心领导和成

第四章　当代中华文化经典诵读活动的成员动员

员分工的组织，组织能力较强，更容易形成集体行动；松散的、没有等级结构的组织，组织能力较弱，效率也低下，难以组织新的社会活动①。

华山组织是一个正式的组织，具有较明确的等级结构、核心领导，成员分工也很明确，因此其对内部成员的动员以及对活动开展的组织能力较强。同时，它采用了更多手段，如海报、网站、广告以及家长的再动员等方式进行宣传和动员，因此，华山组织动员的辐射面很广，影响力要比鼎佳组织广泛。

尽管鼎佳组织的结构比较松散，但是其成员是数量庞大的家长群，而且一般家长可能会转变为热心家长（义工），热心家长可能会转变成志愿者老师，志愿者老师可能会转变为经典诵读班的负责人，再加上组织者有较强烈的"让他人受益"的冲动——他们希望越来越多的人能够及时接收到儿童经典诵读教育理念，因此鼎佳组织的动员虽然更多地局限在社区、熟人间，空间相对狭小，但是它可以通过几乎每一个经典诵读儿童家长将其经典诵读理念传播到每一个可能的角落。

归结起来，华山组织和鼎佳组织的组织结构有严密和松散之分，但它们在活动的组织方面和动员方面各自都对基层社会经典诵读活动的发展起到推动作用②。

本章小结

广义的成员包括内部参与者和外部支持者，因此成员动员包

---

① 〔美〕赵鼎新：《社会与政治运动讲义》，社会科学文献出版社，2006。
② 当然还需进一步说明的是，笔者注意到，这两种组织结构都有不利于民间经典诵读活动发展的地方：从华山组织的组织结构来看，由于它的辅助成员（家长）的数量很有限，因此家长的再动员力量比较弱，其核心成员也有一定的佛教信仰倾向，相信缘分从而缺乏鼎佳组织那种相对强烈的"扩张"愿望，进而影响了华山组织对成员动员的能力；从鼎佳组织来看，由于其组织结构比较松散，因此对内部成员的约束力不强，影响了其对群体活动的组织程度。

括对内部参与者的动员和对外部支持者的动员,成员资源包括内部参与者和外部支持者两类。

基层社会经典诵读推广组织的内部参与者由组织者、组织成员、辅助成员和受教育者四部分人构成,而组织者和组织成员在基层社会经典诵读活动中扮演更为重要的角色,因此本书主要关注组织者和组织成员的构成及其对基层社会经典诵读活动的作用。

第一,组织者具有较强的组织动员能力和较高的个人威信,并投入了大量的时间、精力甚至资金,对发起和发展基层社会经典诵读活动起到关键的推动作用。

第二,组织成员的年龄结构(以青年和老年为两个主要年龄段)、职业结构(以企业员工和大学生为主)、学历结构(鼎佳组织成员学历不太高,华山组织成员学历较高)、成员身份结构(鼎佳组织成员主要是家长群体,华山组织成员主要是知识群体)等特点,都对基层社会经典诵读发展产生一定的影响。

外部支持者对基层社会经典诵读活动的推动作用也不容忽视。D区基层社会经典诵读推广组织尽管已经拥有一定的资源,但自身力量仍然相当弱小,单凭它们自身很难发起规模和影响较大、群体性的基层社会经典诵读活动。因此,基层社会的经典诵读推广组织动员了D区政府及其下属部门、海佳公司、南绍公司、居委会、体制内学校、各地经典诵读机构、公益组织乃至个人等大量的外部支持者。这些外部支持者主要在物质资源上为它们提供帮助,以及在道义和话语上为它们声援,从而大大增强了基层社会经典诵读推广组织自身的力量,使其获得了意想不到的发展。

基层社会的经典诵读推广组织采取了"示范""降压""体验"等成员动员策略,使基层社会经典诵读活动参与者数量由2004年7月的6名成员,上升到2008年的约1500名成员,扩大了基层社会经典诵读活动的社会影响。

基层社会经典诵读推广组织的成员动员具有"差序性"特点,即每一个成员都以自己为中心,不断向外发动熟人参加经典诵读

第四章 当代中华文化经典诵读活动的成员动员

活动。这种"差序性"关系网络的熟人特点有利于动员大量的活动参与者,也有助于增进彼此间的凝聚力,从而采取共同行动来开展群体性的基层社会经典诵读活动。

鼎佳组织是一个结构松散的家长联合体,不利于对内部成员的管理和对活动开展的有力组织,但其具有很强的对参与者的动员能力,有助于扩大参与者的规模;华山组织是一个结构较严密的正式组织,对内部成员的约束和对活动开展的组织能力很强,但对参与者的动员能力则比鼎佳组织要弱。

众多的内部参与者和外部支持者,较强的组织能力、个人魅力和群体凝聚力,多样的成员动员策略,有效的动员网络和组织结构,等等,使基层社会的经典诵读推广组织拥有了相当雄厚的成员资源,为基层社会经典诵读活动的兴起和发展准备了成员条件。然而,一项群体行动的发起仍然需要一定的思想基础,话语则是其表达思想基础的重要形式。接下来笔者将考察话语因素在基层社会经典诵读活动中所起的作用。

第五章　当代中华文化经典诵读活动的框架动员

在 D 区当代基层社会经典诵读活动中，场所、资金和时间等物质资源以及成员资源等非话语资源总量的增长，对基层社会经典诵读活动的兴起和发展起到了非常重要的基础作用。然而，该活动中的话语资源、话语因素同样不容忽视。话语资源如果能被有效运用，则有助于动员更多的人员参与群体行动，也有助于个人和组织自愿投入更多的物质资源，还有助于组织成员采取共同行动开展活动或团结一致抵抗外来阻力。因此，接下来笔者将关注基层社会经典诵读活动的话语因素。

本章主要探讨基层社会的经典诵读推广组织在开展群体活动时主要使用什么话语类别，它们是如何对话语进行整合以更有效地动员资源和成员的，以及它们又是如何通过话语"制造"问题和定义情境来"煽动"参与者的情感以达到强化框架动员效果的等几个问题。

第一节　主要话语类别和价值诉求

基层社会组织在开展经典诵读活动以及与各方互动时，使用了各种各样的话语。为了更好地了解话语与经典诵读群体活动之间的关系，笔者需要对他们所使用的话语加以分类，并了解主要的话语类别及其作用。

第五章　当代中华文化经典诵读活动的框架动员

一　主要的话语类别

（一）话语的多样性

鼎佳组织和华山组织的核心成员在不同的场合、面对不同的交往对象时，使用的话语并不相同。例如，他们在组织成员内部中直接使用"中国传统文化"的词语和"弘扬中国传统文化"的话语；在与官方打交道的过程中，却很少直接使用"弘扬中国传统文化"话语，而改用"弘扬华夏文化""传承中华经典文化""加强文化建设"等话语来表达其"弘扬中国传统文化"的诉求；当他们与经典诵读儿童家长打交道时，则又放弃"弘扬华夏文化"之类的话语，而提出"经典诵读万能"等口号，并围绕这些口号使用解释性和说明性的话语。此外，为了强化动员口号的效果，他们还辅以强调"危机"和"紧迫"之类容易调动情绪的话语。这就体现出基层社会经典诵读推广组织所使用的话语的多样性。

（二）话语的主要类别

由于基层社会经典诵读推广组织使用话语的多样性，因此可以根据不同的标准对他们使用的话语进行分类，从而得到很多不同的类别。但是，本书在此并不打算对这些话语进行详细的分类，而是将其中对基层社会经典诵读活动影响较大的话语——价值诉求话语和框架话语抽取出来加以分析。

所谓的价值诉求，是指基层社会的经典诵读推广组织开展经典诵读活动实际想要达到的目标、愿望和宗旨等。因此，价值诉求话语就是基层社会组织用以表达它们开展经典诵读活动实际想要达到的目标的话语。所谓的框架话语（以下简称"框架"），是指基层社会组织将抽象或敏感性话语简化与浓缩成人们易于理解和易于接受的解读范式或诠释架构。

价值诉求话语与框架虽然同属于话语，但是二者仍存在差异。第一，抽象程度不同。对于一般公众的理解而言，价值诉求往往是一些比较抽象的话语，而框架是一些容易被人们理解的口号。

第二，目的不同。价值诉求是基层社会组织（尤其是组织者）开展活动的最终目标，一般是指要实现某种变革；框架是为达到帮助或提高人们对其周围所发生的社会现象的认知和理解的目的，从而动员更多成员和更多资源。第三，适用范围不同。价值诉求常常只是"内部话语"——仅仅在基层社会组织的核心成员内部以及本组织核心成员内部与其他基层社会经典诵读推广组织的核心成员之间通行而很少对外使用；框架往往是基层社会经典诵读推广组织在与外界（甚至是本组织的一般成员），如政府、企业和社会互动的过程中使用的话语。

接下来，首先来了解基层社会经典诵读推广组织的价值诉求。

二 经典诵读组织的价值诉求

鼎佳组织和华山组织在组织机构、成员构成、经典诵读内容和形式等方面都有差异，那么它们的价值诉求是否不同呢？笔者先分别了解这两个基层社会经典诵读推广组织的价值诉求，再看它们的价值诉求是否相同。

（一）鼎佳组织的价值诉求

走进鼎佳经典诵读班，笔者看到鼎佳组织成员的手上有大量王财贵的儿童经典诵读推广演讲光盘和文献资料，看到经典诵读活动的家长会上反复播放着王财贵在各地举行的经典诵读推广演讲视频，听到组织者"言必称王财贵"。因此，鼎佳组织几乎可以说是王财贵经典诵读推广中心的分支，它直接秉承的是王财贵的"儿童经典诵读教育"理念。这让笔者找到一条了解鼎佳组织开展经典诵读活动的价值诉求的途径，即通过了解王财贵经典诵读推广的价值诉求来了解鼎佳组织的价值诉求。

王财贵的儿童经典诵读教育理念集中在《儿童经典诵读手册》和《一场演讲，百年震撼》（2001年在北京师范大学演讲的演讲稿）中，因此笔者分别从这两份资料入手，了解王财贵推广儿童经典诵读背后的价值诉求。

第五章　当代中华文化经典诵读活动的框架动员

在《儿童经典诵读手册》中，王财贵说：

> 我个人思考此问题（指儿童经典诵读问题——著者按）已有二十五年之久，家庭小规模实验也已有十年以上，长期地从理论与实际两方面证实其可行，才正式在社会上"推广"，期望激起风气，普遍施行。……近年来此种风气有日益扩大的趋势，若持续其效应，则将是"重新回归文化本位"的运动。回归文化本位，不是顽固，也不是墨守，而是希望保住自我传统的活力，以求更有能力深入了解他人的文化，吸收消融，两相综合会通，为人类开创更充实饱满的文化①。

在《一场演讲，百年震撼》中，王财贵说：

> 我们要复兴中国文化，不只是因为我是中国人，乃是因为我们这个文化，是有意义的。我重新在检讨中国的教育理论，并不是因为我是中国人，所以我非把中国教育理论再拿出来不可，不是的。而是因为这种教育理论，它是有真理在其中的。既然我们这个文化是有意义的，纵使我是美国人，我也要来复兴中国文化；纵使我是外星人，我也要尊重中国文化②。

王财贵称，现行教育体制违背了认知心理规律，因此我们要对教育体制进行认真的反思并加以改革。但是，在《儿童经典诵读手册》和《一场演讲，百年震撼》中，笔者发现他的最终诉求并不在于教育，而在于文化。他推广经典诵读活动的背后是要达到"回归文化本位"、"保住自我传统的活力"和"复兴中国文

---

① 王财贵：《儿童读经手册》，http://www.luochenedu.cn/Article/ShowArticle.asp?ArticleID=129。
② 王财贵：《一场演讲，百年震撼》，北京师范大学演讲稿，2001。

化"的目的。因此笔者可以推断王财贵推广儿童经典诵读的价值诉求是复兴中国传统文化。由于鼎佳组织推广经典诵读的价值诉求与王财贵推广经典诵读的价值诉求的一致性,从而笔者可以推断出鼎佳组织的价值诉求是复兴或弘扬中国传统文化。

实际上,即使笔者不通过了解王财贵推广经典诵读的价值诉求这一途径来了解鼎佳组织的价值诉求,也可以从其他方面来了解鼎佳组织开展经典诵读活动的价值诉求。首先,在其网站上,鼎佳组织明确表达了他们的价值诉求:"在D区进行经典教育几年来,经历了许多风风雨雨,许多人一直在坚持着,因为我们拥有同一个坚定的信念——传承中华优秀的经典文化,是当前急需做的事!"[①] 其次,从现实的互动过程来看,笔者发现鼎佳组织负责人与组织成员都宣称,他们就是要"弘扬中国传统文化","把中国的传统文化发扬光大"。

因此,鼎佳组织推广经典诵读活动的价值诉求是弘扬和复兴中国传统文化。

(二) 华山组织的价值诉求

华山组织最初亦认同王财贵的儿童经典诵读教育理念,推行儿童经典诵读教育,但是后来只扩展了经典诵读活动的形式。笔者可以从华山经典诵读学校以及该校总校的网站来了解华山组织开展经典诵读活动的价值诉求。

在华山经典诵读学校的网站上,华山组织明确提出了其所秉承的宗旨:

> 华山经典诵读学校"以传播中华民族优秀传统文化、振兴民族教育事业为己任;致力于华夏文化的普及和传承,秉承'为天地立心、为生民立命、为往圣继绝学'的神圣使

[①] 鼎佳经典诵读班:《2007年国学夏令营工作小结》,2007年9月20日,http://i.cn.yahoo.com/jddj2007@yahoo.cn/blog/p_7/。

第五章 当代中华文化经典诵读活动的框架动员

命"①。

而在华山经典诵读学校的总校西州传统文化学校的网站上，其宗旨和诉求更为详细：

> 传统文化学校秉承"亲而求同、虚而有容、顺而以德、乐而奋发"②的校训，继承孔子教育思想，以"道德仁义礼智信"为基础教育理论，大力倡导"厚德载物、自强不息"的价值取向，以"和合""大同"为教育的核心内涵，努力实践于传播中华优秀文化，延续民族文化命脉，复兴民族教育之民族共同理想！③

从华山经典诵读学校及其西州总校的宗旨来看，华山组织要"传播中华民族优秀传统文化"，"致力于华夏文化的普及和传承"，"传播中华优秀文化"，"延续民族文化命脉"，等等，这些话语表明，华山组织的价值诉求也是传播和传承中国传统文化。

再从笔者参加华山组织开展的国学沙龙、传统文化体验、经典诵读等活动的情况来看，华山组织的成员也直言他们要做的就是弘扬中国传统文化。张校长说：

> 经典诵读是文化衰落以后再复兴的一个起步阶段的切入点，很重要。但是经典诵读只能是一种文化复兴初期简便易

---

① 华山组织：《华山学校简介》，http://www.hxwh.com/web/qhhzjg.aspx。
② 该校训的意思就是：秉承华夏民族无比广阔的心胸，与世界各国的文化上下求同，尊重差异，并蓄兼容。愿与全球有识之士共寻人类与自然和谐发展的新途径。应天而行，雷响地动，南北西东，乐而顺从，炎黄子孙当振奋精神，立业建功，告别荒洪，启发文明，以达世界大同（资料来源：http://www.hxwh.com/web/xxjs.aspx）。
③ 西州传统文化学校：《西州传统文化学校简介》，http://www.hxwh.com/web/xxjj.aspx。

151

行的手段。如果你只是局限于经典诵读，那么是远远不够的。我们还要给受教育者一个理念，那就是中国传统文化提倡的生命的人生观和世界观，要把这个东西建立起来，而不仅仅是外在的东西。我们要复兴中国传统文化，不仅仅是把传统文化捡起来，这不是复兴的主体，复兴的主体是重新建立，是归根①。

因此，无论是鼎佳组织还是华山组织，尽管他们的具体活动和形式不完全相同，但他们的价值诉求是一致的，即弘扬中国传统文化。

三 价值诉求话语与基层社会经典诵读活动

D区基层社会的经典诵读推广组织的价值诉求在其组织成员内部完全可以用"弘扬中国传统文化"的话语表达出来，甚至有时在与外界打交道的过程中，也可以直接用"弘扬中国传统文化"的话语来表达，甚至这一话语能够给它们带来某种光环。当然，这与当今中国传统文化命运的改变有关：20世纪90年代以及21世纪初，学界兴起了"传统文化热"，中国高层官员也经常性地引用中国传统文化经典著作的话语。这样的背景无疑是有利于鼎佳组织和华山组织进行成员动员和开展经典诵读活动的。事实上，它们经常引用国家领导人和著名学者在各种场合中所使用的传统文化话语，以此表明它们开展活动的诉求与国家立场是一致的，活动也是合法的。

尽管近几年"中国传统文化"字眼的贬义色彩②正日益淡化，但是，华山组织在与官方互动时，几乎回避了所有"中国传统文化"词语，而使用诸如"华夏文化""中华文化""中华优秀文

---

① 见编号201的访谈记录。
② 如"封建""守旧""阻碍现代化进程"等贬义色彩。

化""民族文化""中国经典文化""和谐文化""文化建设"等词语及相关话语——似乎比"中国传统文化"词语及相关话语更能够获得官方的认可。

总之,"中国传统文化"价值诉求话语色彩的中性化甚至褒义化,使基层社会经典诵读推广组织的价值诉求在话语上得以合法化,从而减少其开展活动的阻力。即使它们不直接使用"弘扬中国传统文化"话语,而使用"弘扬中华民族文化"等话语,也仍然能够很好地表达它们的价值诉求,为它们开展活动争取到有利的话语权。这样,无论开展什么群体活动,它们都可以以"弘扬中国传统文化"或"弘扬中华民族文化"的名义,从而确保其活动能够顺利进行。

第二节 经典诵读活动的框架动员

D区基层社会经典诵读推广组织的价值诉求是弘扬中国传统文化,但是使用"弘扬中国传统文化"这样抽象、笼统甚至有一定政治、社会敏感性的话语,是无法催发集体行动的。集体行动需要一个或若干个能将众人联合起来的解读范式或诠释架构[①],即集体行动框架。在参与D区基层社会经典诵读推广组织所开展的活动时,我们发现他们在使用一些简单实用的框架,从而将参与者联合起来为共同的目标展开集体行动。这些集体行动框架有"君子务本"、"公益活动"和"振兴民族文化"等。

一 "君子务本"框架

经典诵读组织者称,以往的教育把学生当作"产品"进行"生产",因此只是给这些受教育者一些细枝末节的东西,结果只会是"捡了芝麻丢了西瓜"。而他们开展经典诵读活动,目的是让

---

① 〔美〕赵鼎新:《社会与政治运动讲义》,社会科学文献出版社,2006。

经典诵读的社会动员机制

儿童和受教育者能够从中学到"根本"的东西,而不是细枝末节的东西。一旦"根本"的东西学到了,许多问题就迎刃而解了。

鼎佳经典诵读班的高老师经常借用王财贵的话说:

> 经是最浓缩的人类智慧,中国人学会了《论语》与《老子》,也学会了一辈子的学问。如果我们能把几万字的经典放在儿童的头脑里,他将一辈子受用不尽。让孩子诵读经典认字,有时间陪伴他几个月或一年,将来可以免去一辈子的烦恼。[1]

鼎佳经典诵读班志愿者老师晁博士称:

> 中华民族有着长达5000年的悠久的历史文化传统,而构成中华民族文化传统的核心是古圣先贤所创造的经典之说,是中华民族智慧的结晶,具有永恒的价值。中华民族之所以能保持优秀的文化传统,最根本的原因就是经典文化教育,即所谓的"经典诵读教育"。自古以来我们的经典诵读教育就是从孩童时候开始的,因为孩童时期是人生记忆学习的黄金时期,也是文字学习的关键时期,更是儿童文化素养、高尚人格形成的关键时期。所谓的"童蒙养正",是指这时候能用代表中华民族基本精神的经典之说滋养孩子纯净的心灵,渐次熏染成性,成为其真实的生命,为其未来修身立世打下深厚的基础。[2]

华山组织的张校长也说:

> 我们所搭建的这个平台是做得比较彻底的,形式非常多,

---

[1] 见编号113的访谈记录。
[2] 见编号114的访谈记录。

第五章　当代中华文化经典诵读活动的框架动员

这是因为受教育者从头到尾都必须在这里完成，你必须要把他做圆满成功，否则一到社会他就会变成原来的了。我们必须要给他一个理念，那就是生命的人生观和世界观。即使是一个四十岁的人，如果还没有立，那也得从头到尾来立，当然从小孩抓起是最好的。我们要为他们建立生命观与宇宙观，而不仅仅是外在的东西，这就是本末问题。子曰："君子务本，本立而道生。"人的一生，只要打好坚实的修身基础，就能具备"齐家、治国、平天下"的能力！①

在基层社会经典诵读推广组织成员的眼中，经典诵读不仅能提高儿童智力、教会儿童一些礼仪和改变一些行为习惯，而且最重要的是它追求一种"务本"的理念，重视从"根本"抓起，认为这样就能够解决许多问题。他们认为，大量诵读经典，不是"填鸭"，而是"填牛"，能够让受教育者终身受益，也让家长"免去一辈子的烦恼"；通过参加经典诵读活动，能够使其纯正心灵，树立良好的人生观和世界观，从而为其将来"齐家、治国、平天下"打下坚实基础。

因此，"君子务本"的口号得到儿童家长、成人受教育者甚至基层社会经典诵读推广组织成员的认可，从而成为他们为实现从"根本"上解决教育问题、社会问题等目标而开展集体行动的框架。

二　"公益活动"框架

"君子务本"主要为成人受教育者乃至组织成员提供集体行动的框架。"公益活动"则主要为基层社会的经典诵读推广组织的成员——主要是组织者、志愿者老师、义工、员工等提供一个集体行动框架。

---

① 见编号 201 的访谈记录。

经典诵读的社会动员机制

经典诵读组织成员在参加经典诵读活动时要付出很多的时间和精力。他们要牺牲自己周末休息的时间无偿为儿童和其他受教育者做导读等工作,甚至要付出自己的金钱。即使如此,他们仍有可能不被他人所理解,甚至遭到家长的不理解和反对。印老师就说:

> 我们这些志愿者在参加诵读经典活动时,也遇到很多的阻碍,如家人的不理解甚至反对、学校的压力、经济上的不允许、亲朋好友的冷眼,甚至有人认为我们是邪教组织。①

但是,绝大多数的组织成员都坚持参加经典诵读活动。他们认为自己是在开展一项非常重要的公益活动,志愿者的身份让他们感到光荣。鼎佳组织的志愿者老师李奶奶说:

> 所有这些参加诵读经典活动的志愿者,都很辛苦。由于主要是在周末开展经典诵读活动,因此他们牺牲了休息的时间;刮风下雨、严冬酷暑,从不间断;有些小孩也不大容易管……但是,每当听到孩子喊自己一声"老师"时,每当看到他们有进步时,这些志愿者老师和义工就会觉得自己从事这一公益活动非常值得,觉得能教经典的老师是幸福的!②

华山组织开展经典诵读活动收取的费用较高,但是华山组织仍然认为它是在开展公益活动、做公益事业。张校长说:

> 我们赚钱的路子是正当的,通过弘扬传统文化而赚些钱没有什么不好,赚钱越多越能为社会做事。我们从中赚些钱,

---

① 见编号 107 的访谈记录。
② 见编号 114 的访谈记录。

第五章　当代中华文化经典诵读活动的框架动员

目的在于以后能够更好地推广传统文化，能够提供更好的教育产品，能够让人们受到更好的教育。如果我想赚钱，我还不如做我原来的证券工作呢。因此，我们主要是为社会多做些公益活动。①

许多接受采访的负责人、志愿者老师和义工表示，他们都为自己能够从事经典诵读这样的公益活动而骄傲，他们也从这些公益活动中"受益"很多。实际上，"公益活动"这一框架有助于让所有的志愿者联合起来，也有助于将外部支持者联合起来，为基层社会经典诵读活动等公益活动展开集体行动。

三　"振兴民族文化"框架

"振兴民族文化"框架是针对动员知识青年提出来的，并起到激发知识青年以及其他组织成员团结一致为实现一个伟大的共同理想而奋斗的作用。

鼎佳组织成员表明，他们要"传承中华优秀的经典文化"②；华山组织成员也声称，他们要"始终以弘扬传统文化、振兴民族教育为己任，秉承'为天地立心、为生民立命、为往圣继绝学'的神圣使命"③。

D区基层社会经典诵读推广组织的这种框架，无疑是很吸引知识青年的。笔者看到，在两个基层社会经典诵读推广组织中，尤其是在华山组织中，有许多青年学生、白领阶层、学校老师等参加国学沙龙、经典诵读导读等活动。毕竟，知识青年有理想、有抱负、有热情、有活力，高举一个远大的目标，无疑会增强他们的责任感和奋斗精神，有助于激发他们为"振兴民族文化"开展

---

① 见编号107的访谈记录。
② 鼎佳经典诵读班：《2007年国学夏令营工作小结》，2007年9月20日，http://i.cn.yahoo.com/jddj2007@yahoo.cn/blog/p_7/。
③ 西州传统文化学校：《中外传统文化交流》，http://www.hxwh.com/web/dwjl.aspx。

集体行动的热情。

四　框架动员与基层社会经典诵读活动

"弘扬中国传统文化"的价值诉求话语不仅有一定的政治和社会敏感性,还有抽象性。实际上,这一价值诉求话语并不为许多家长和其他民众所关心,他们更关心的是自己孩子的成绩、做人,以及精神需求、身心健康。因此,为了扩大经典诵读活动的影响,以吸引具有不同诉求、不同身份和地位、不同社会阶层的民众并推动他们联合起来参加集体行动,基层社会组织还要将其价值诉求话语改造和整合成能够使民众产生共鸣和认同的宣传口号,实现"弘扬传统文化"的价值诉求。

本书介绍了其中的三个集体行动框架,这些框架都起到了一定的作用:"君子务本"为家长、成人受教育者以及组织成员提供了集体行动框架;"公益活动"为组织成员、外部支持者提供了集体行动框架,并有利于获得更多外部资源的投入;"振兴民族文化"则为知识青年等有志者提供了集体行动框架。

框架或口号是基层社会经典诵读推广组织进行理性思考和不断探求的结果,但是框架的动员效果与被动员者的情感有密切关系。因此,接下来笔者将介绍基层社会组织是如何"创造"出被动员者的情感,以加强其框架动员口号的效果的。

第三节　框架动员的"造情"

"造情"一词,多用于教育学和文学等学科。在教育学中,"造情"一词主要是在探讨情感教学法时使用,指"创设目标情境,营造情感氛围",从而使课堂的教和学笼罩在一种刻意经营的情境气氛之下[①]。在文学中主要是在"为文造情"与"为情造文"

---

① 金燕:《移情、造情、染情》,《牡丹江教育学院学报》2004 年第 1 期。

第五章 当代中华文化经典诵读活动的框架动员

的辩论①中使用，不同观点导致学者对"造情"一词的定义不同。反对"为文造情"的学者认为"造情"是指在夸饰的基础上进行虚构情感。主张"为文造情"的学者认为"造情"还包括两方面内容：一是夸饰事实但不悖基本事实原型，是一种艺术手法；二是在夸饰之余，脱离基本事实，但总体上不悖基本情理。在影视学和新闻学中，"造情"往往等于"煽情"。

在社会学的社会活动理论中，研究者也注意到运动组织者通过激发民众的情感（尤其是危机感、不满情绪、相对剥夺感等）来动员民众参与运动，但他们多用"情境定义""造势"，甚至"煽情"等用语。笔者认为这些用语还不能准确表达运动组织者通过话语来对情感进行煽动的现象，因此，本书试图将"造情"一词从其他学科引入社会活动研究中。本书中的"造情"是指通过反复使用某些话语（包括词语），定义某种情境和氛围，从而"制造"出能煽动民众情绪的话语活动。

鼎佳组织和华山组织之所以进行框架动员的效果较好，是由于他们采取了一些策略性话语来"制造"教育问题、定义危机情境和强化紧迫感等，从而激发了参与者的不满、危机感和紧迫感等情绪。

一 "制造"教育问题

D区基层社会的经典诵读推广组织成员经常谈到和强调，甚至"制造"②中国现行教育中存在的各种问题。他们经常说，"老师

---

① "为文造情"论和"为情造文"论之争至少最早出于《文心雕龙·情采》："昔诗人什篇，为情而造文；辞人赋颂，为文而造情。""为情造文"是刘勰以及历史上很多文人所推崇的。但也有人认为"为文造情"对文学发展有意义〔赵树功：《"为文造情"辨》，《山东师范大学学报》（人文社会科学版）2006年第1期〕。
② "制造"一词在此是一个中性词，并无贬义的含义，非"无中生有"等意思，只是强调这些话语动员具有强化话语感情色彩的特点，强调经典诵读组织对发现某些问题和危机的积极性。

经典诵读的社会动员机制

不重视因材施教",“不重视儿童的心理规律",“现在的老师也没有以前的老师那么负责"。

华山组织的张校长也认为：

> 现行教育是一种分科教育，其实就是一种分割的教育：数学要数学老师上，语文要语文老师上，其他科要其他科老师上。这样的教育是不能给人一个完整的生命教育的。好的教育应该是：一个老师从头教到尾——从教说文解字课到教汉语课，再到教理论课。如果学生觉得枯燥了，老师就停下来，弹弹古琴，或在茶座休息、听听音乐。要这样上课才是以人为本，而不能按部就班地上：几点上课，几点下课。尤其是小孩，最需要这样的方式了。①

基层社会经典诵读推广组织会不断地从话语上"制造"、强调、凸显教育问题，从而为向家长们提出"药方"——经典诵读教育做好铺垫。

二 强化紧迫感

使用某些话语使被动员者产生一种紧迫感，也有助于调动被动员者行动的积极性。促使参与者紧迫性产生的主要是来自基层社会经典诵读推广组织宣传的"13岁决定论"和"文化断层论"。"13岁决定论"是王财贵等人的观点，而"文化断层论"主要来自南怀瑾和"九老提案"。

王财贵认为，13岁前的音乐教育、美术教育和语文教育等必须接受经典教育，否则，"等到错过时机，费九牛二虎之力，焦头烂额还是学不好，假如用九牛二虎之力能学好，我也甘愿，但时机一去不复返，叫作一失足成千古恨，再回首没有百年身，连百

---

① 见编号201的访谈记录。

160

第五章　当代中华文化经典诵读活动的框架动员

年身都没了，下辈子再说吧！"①

对于基层社会的经典诵读推广组织来说，它们在经典诵读家长会、国学沙龙中，经常谈论起南怀瑾和"九老"的"文化断层论"。

经典诵读班的吴老师在经典诵读家长会上说：

> 我们大人和儿童之所以都要读《论语》等古代的中华文化经典，是因为世界有四大古典文明——玛雅文明、印度文明、希腊文明，还有我们的中华文明，而现在保存得比较好的只有我们的中华文明，像玛雅文明现在已经完全消失，只靠考古学家挖一点点东西出来，而其以前是非常辉煌的，一点都不亚于我们中华文明，但是他们的文明断代了、没有了。我们现在要认真地学习这些经典、讨论这些经典，这样我们的中华文明才能重新发展起来。否则，中华文明迟早也会像其他文明一样消失。②

南怀瑾和赵朴初等人提出的"文化断层论"话语经常被D区基层社会的经典诵读推广组织讨论，从而增强许多知识青年延续、传承中国传统文化的责任感、使命感和紧迫感。

三　利用"感动"

为了吸引志愿者老师和义工（他们平时工作和学习都很忙）坚持从事经典诵读活动，也为了吸引更多家长坚持带孩子来参加经典诵读，基层社会的经典诵读推广组织者及其成员主要采用"感动"策略来增强志愿者的工作热情，让志愿者们感到做经典诵读工作是很光荣的，都愿意去做。

---

① 王财贵：《一场演讲，百年震撼》，北京师范大学演讲稿，2001。
② 见编号102的访谈记录。

161

◆ 经典诵读的社会动员机制 ◆

季家长最初对那些经典诵读儿童的"点头哈腰"非常看不惯，但是由于自己一直没有找到教育孩子的方式，就尝试让自己的孩子参加经典诵读，没有想到，自己的孩子发生了很大的变化。同时，她被导读老师的无私奉献精神所深深感动，最终成为一名志愿者老师。她说：

> 我接触经典诵读已有两年了，在这两年中，我深深地被这群志愿者老师的无私奉献所感动。他们放弃了无数个双休日，放弃了和家人团聚的时间。有的老师发着高烧还在坚持上课，有的老师大病初愈就忙着给孩子们上课，有的老师为了给家长复印资料而忙到深更半夜……这种精神激发我成为这一群"可爱的人"中的一员，努力为弘扬国学奉献自己的力量，让更多的孩子受益！①

经典诵读班的年家长一开始是把孩子交给经典诵读班就离开，现在却成为一名重要的义工。他说：

> 志愿者老师真是太伟大了！和他们一比，我觉得自己好渺小。我认为自己除了能读到圣人的经典之外，最大的收获就是认识了这些伟大的老师，感受到了他们的人格力量，教书育人，功德无量！这些志愿者老师们，不计报酬，不畏艰辛，不理会旁人不理解的目光，为了孩子们，为了这份神圣的事业，毅然决然地默默工作着，付出着，用他们自身的力量，散发着光和热，他们的所作所为，让我再一次感受到了"人类灵魂的工程师"这个称呼的深刻含义。他们虽然不是专业的老师，但是他们无愧于这个称呼！②

---

① 见编号 106 的访谈记录。
② 见编号 119 的访谈记录。

感动他人，既需要组织者的个人魅力，也需要组织者的无私奉献。组织者往往通过自身的魅力和奉献精神吸引更多的家长成为导读老师和义工；导读老师和义工也利用自身的魅力和奉献精神吸引各类家长带领孩子们加入基层社会经典诵读活动的团体。许多导读老师和义工都是被组织者和其他导读老师的无私奉献精神所感动而成为志愿者老师甚至负责人中的一员的。

四 "造情"与基层社会经典诵读活动

发动民众参与经典诵读活动的框架（口号）本身是运动组织理性思考的结果，为使其发生更大的作用，则既要"晓之以理"，又要"动之以情"，因为情感是"清楚表达文化观念、结构性不平等和个人行动之间联系的场所"，"不利用和创造情感的力量，就不可能完成把要求变成行动的重要转化"①。因此，在框架整合及动员的过程中，基层社会经典诵读推广组织采取策略性的话语来"制造"教育问题、"强化"紧迫感等，强化参与者的情感，从而提高参与者参与经典诵读活动的积极性。

本章小结

基层社会经典诵读推广组织的核心成员在不同的场合、面对不同的交往对象时，使用的话语并不相同，体现出其使用话语的多样性。本章只是对其中对基层社会经典诵读活动影响较大的价值诉求话语和框架话语进行分析。

基层社会经典诵读推广组织的价值诉求是弘扬和复兴中国传统文化。由于中国传统文化在当代具有复兴趋势，"中国传统文化"话语的自身色彩也朝中性化甚至褒义化方向发展，因此"中国传统文化"话语的表达得以"合法化"，减少了活动开展的

---

① 〔美〕塔罗：《运动中的力量》，吴庆宏译，译林出版社，2005，第149页。

阻力。

　　此外，基层社会经典诵读推广组织的价值诉求话语还有抽象性的一面，其"复兴中国传统文化"的价值诉求并不为许多家长和其他民众所关心。因此，为了扩大经典诵读活动的影响，吸引具有不同诉求、不同身份和地位、不同社会阶层的民众采取共同行动，基层社会经典诵读推广组织将其价值诉求改造、整合成能够使民众产生共鸣和认同的集体行动框架："君子务本"、"公益活动"和"振兴民族文化"等。这些框架有助于动员更多家长、知识青年参与经典诵读活动，有助于稳定组织成员队伍，也有助于开展集体性的行动。

　　为了使框架动员具有更好的效果，基层社会经典诵读推广组织还采取了"造情"策略，即通过反复使用某些话语（包括词汇），定义某种情境和氛围，从而"制造"出能激发民众情绪的话语活动。

　　"合法"的价值诉求话语及与其相近的策略性话语，简单实用且有效的多个动员框架，以及激发参与者情绪的"造情"策略，共同构成了用以动员民众投身到基层社会经典诵读活动中的话语资源。这些话语资源的丰富化为基层社会经典诵读活动提供了思想基础。

第六章　当代中华文化经典诵读活动的结果

从资源动员理论的视角对文化运动进行研究，主要是对该运动的过程、原因和结果进行分析。在前文中笔者已经介绍和剖析了基层社会经典诵读的过程和原因，接下来笔者将对 D 区基层社会经典诵读活动的结果进行探讨。

诚然，鼎佳组织和华山组织推广的经典诵读活动至今只有近六年的时间，谈其结果和影响似乎为期过早，许多结果和影响还有待观察。但是，近六年来，这两个基层社会组织开展的经典诵读活动确实已经产生了一些实质性的影响：经典诵读儿童和组织成员在多个方面发生了变化，文化自觉性有所提高。

第一节　经典诵读儿童的变化

在短短的几年内，几百个家庭将孩子送到基层社会主导的经典诵读班中，这在很大程度上与经典诵读给孩子带来的变化有关。根据笔者的访谈和观察，经典诵读儿童主要在以下几个方面发生了变化。

1. 智力上的变化

不少经典诵读儿童在背诵能力、认字能力、记忆能力以及作文能力等智力水平上有所提高。经典诵读儿童彤彤的母亲、现为景保经典诵读小班负责人的吕老师对自己女儿的变化感触很深，她说：

经典诵读的社会动员机制

　　经典诵读儿童的背诵能力和认字能力确实让我感到吃惊。我女儿彤彤很早就参加了 D 区的经典诵读班，当时是她奶奶带她去的。我开始不赞成女儿诵读经典，因为当时女儿才四岁多，还不懂得汉语拼音，我觉得没有必要这么早就进行教育。但是彤彤的奶奶坚持带她去参加了设在尧奶奶家的经典诵读班。没想到，彤彤居然很快就可以成段地背诵《弟子规》，接着又开始背《三字经》《论语》《老子》，现在在背《易经》——已背了三分之二。而且，在读小学以前，她已经认识了很多字。现在她在读小学，语文成绩一直名列前茅，数学成绩也不错，我基本上不用操心她的教育问题。①

既是一所小学的老师，又在鼎佳经典诵读班当志愿者的谭老师对经典诵读儿童在智力方面的变化也很有发言权，她说：

　　儿童诵读经典确实能够提高语文能力。记得有一次我在学校里教完《乌鸦与狐狸》那篇课文时，我问班里的小学生有什么感想，这时参加 D 区经典诵读班的章锐小朋友很自然地举手并站起来说："孔子说过，巧言令色，鲜矣仁。喜欢花言巧语的人一般都不会是好人。"他说得非常好！
　　在教学的过程中，我发现经典诵读儿童确实比不诵读经典的儿童能够说出更多的东西。例如，他们的作文中会出现"宠辱不惊""奢则不逊，俭则固"之类超过教材水平的字眼。②

2. 做人上的变化

经典诵读儿童不仅在智力上有变化，在做人上的变化也很明显。

---

① 见编号 107 的访谈记录。
② 见编号 104 的访谈记录。

第六章　当代中华文化经典诵读活动的结果

鼎佳组织负责人叶老师说，自己儿子诵读经典前和诵读经典后在待人接物和做家务方面的变化几乎是脱胎换骨的。她说：

> 在参加经典诵读之前，我儿子对人不大礼貌。但是在参加经典诵读后，变得很懂礼貌、很懂做人了。不论在什么场合，都会亲切地说"叔叔、阿姨好"之类的话。每当听到别人夸我儿子懂礼貌时，我总是觉得特别自豪。
>
> 另外，在参加诵读经典前，我儿子从来不管家务。放学回到家，第一件事就是脱袜子，脱到哪儿就是哪儿，袜子随处可见；总是等我做好饭菜、摆好碗筷，"千呼万唤"才来到餐桌前吃饭，饭后一抹嘴就离开了餐桌；他房间的地板上总是有很多纸，每次都是由我来收拾残局；早晨吃完饭，一定会留下满桌子的碗筷和残食来迎接我下班……
>
> 在参加经典诵读之后，儿子变得乐于做家务了。放学后，他把袜子放在一个固定的地方，洗完澡把自己的袜子和内裤洗干净并晾好，晚上睡前自己收衣服和叠衣服；只要功课不是很多，他就帮着择菜、洗菜，吃饭前又积极摆好碗筷、盛好饭；饭后"命令"我说"不要动！我来收，我来洗！"当我躺到床上时，他会问我是否口渴，然后去厨房烧水、泡水，再然后把一杯热气腾腾、甜蜜蜜的蜂蜜水端到了我面前；他会拿起扫把和拖把，一天扫一个房间；每天晚上烧粥的事也由他来做了。儿子这一系列积极主动、"眼观六路"地做家务的行为，让我快没事做了！①

鼎佳经典诵读班的"元老"之一、现为乐林经典诵读班负责人的尧奶奶称，经典诵读儿童在做人方面的变化，有时甚至还会增进全家的亲密关系。她说：

---

① 见编号 101 的访谈记录。

167

我以前没有教育好自己的两个儿子，导致母子之间的关系一直都不融洽。这让我感到很悲哀！我希望能够在孙子的身上弥补这一遗憾，于是很早就注重对孙子的教育。我带着小孙子读《弟子规》，并对其讲解其中做人的道理。在此影响下，小孙子非常懂道理，甚至开始教育自己的父母。当他看到爸爸和我吵架时，会对爸爸说："爸爸，《弟子规》说：'父母呼，应勿缓；父母命，行勿懒；父母教，须敬听；父母责，须顺承。'你怎么能和奶奶吵架呢？她可是你的妈啊！"当他看到爸爸上班前和回家后没有和我招呼时，就奇怪地问："爸爸，《弟子规》说：'出必告，返必面。'你出门和回来为什么不和奶奶打招呼呢？"小孙子的这些话让我小儿子听得脸红。小孙子的变化让他爸妈感到惊喜，也缓解了他爸妈与我之间的紧张关系，这让我越发喜欢我这个小孙子了！①

3. 行为习惯上的变化

经典诵读还改变了儿童许多不良的行动习惯。许多家长把孩子送到经典诵读班，不仅是为了提高其智力，也在很大程度上希望经典诵读能改变自己孩子的一些不良行为习惯。一些孩子进入经典诵读班后，在志愿者老师的教导和同学的帮助下，不良行为习惯确实发生了变化。其中，鼎佳经典诵读班的甘老师就介绍了小朋友朝朝的变化，她说：

小朋友朝朝在参加诵读经典后，改变了不少不好的行为习惯。朝朝是一个心最不定的孩子。刚开始的一段时间，确实挺费劲的，他的心怎么都定不下来。而且他不愿与人交流，是非常内向的一个孩子，不好的习惯还挺多的。比方说，没

---

① 见编号103的访谈记录。

第六章　当代中华文化经典诵读活动的结果

事就咬铅笔,一开始甚至读书时嘴里都要叼着根铅笔;双腿喜欢叠在一起,拧着坐,还一个劲儿地抖;读书基本上没声音;做作业非常不认真(每次都要逼着他写,要不然他就坐在那儿晃着腿东张西望);晚上睡觉摇床、唱歌;吃饭时问他加不加饭,他说吃饱了,等大家都吃完了出去玩的时候,他悄悄地从装菜的盆里舀一大勺放在嘴里,然后将勺子咣的一声扔在盆里。这样的事也不是一次两次了……现在,这些不好的习惯、行为基本上都改掉了。读书的时候很少走神了,也有了声音;坐姿也非常不错了;下课也能和大家一起交流了;脸上也有了灿烂的笑容;作业不用再被催着写了,上课写不完的,下课时也能很自觉地写完;吃饭也不挑食了,不够的话也肯加饭,不再会偷吃了;睡觉也不再唱歌影响其他人了……总之,我觉得朝朝的进步特别大,心也定了,读书也认真了……①

经典诵读儿童的变化,是最能吸引家长们送孩子来参加经典诵读班的地方。因为对于千百万名家长来说,孩子的教育问题最受关注。他们为孩子成绩不够理想发愁,为孩子存在各种心理问题和不良行为习惯——整日沉迷于上网、玩游戏、看电视、贪玩、没有礼貌、自私、自闭、不听话等头痛,所以只要能够让他们的孩子向好的方向改变,他们就愿意去尝试。实际上,不少带孩子参加经典诵读班的家长是在采取其他途径都无法改变自己孩子存在的各种问题后,才走上诵读经典这条路的。

第二节　组织成员的变化

基层社会经典诵读推广组织的成员,即负责人、志愿者老师

---

① 见编号 110 的访谈记录。

▶ 经典诵读的社会动员机制 ◀

和义工在投身到经典诵读活动中之后,自身也发生了不少变化。

一 思想上的变化

基层社会经典诵读推广组织成员认为自己在参加经典诵读活动后,思想觉悟提高了,社会责任感也增强了。

鼎佳组织的志愿者老师尹妈妈称,在参加经典诵读活动后,她的思想觉悟提高了。她说:

> 我最初只是带女儿来参加诵读经典的一般家长。但是在参加诵读经典后,我觉得我的精神境界发生了很大变化。我以前很自我,只管自己好,觉得别人好不好与自己无关;现在我却觉得我要对大家好,因为只有别人过得好,我自己才能过得更好。我现在最欣赏"天同覆,地同载"这句话。①

另一位志愿者张老师说:

> 以前我只是一味地要求孩子努力做得更好,而我现在觉得,要想让孩子做得好,首先要自己做得好。而自己要做得好,就要从孝顺父母开始。我以前对父母也很好,但那种好就是只知道给钱,没有像现在这样发自内心地对父母好。只有对父母好,才能真正做到对他人好,才能真正发自内心地向他人说"谢谢",而非表面的、口头上的感谢。我觉得自己现在能够从事义务导读工作是一件非常光荣的事。②

无论是鼎佳组织还是华山组织,它们主要做的都是弘扬文化

---

① 见编号 108 的访谈记录。
② 见编号 115 的访谈记录。

第六章　当代中华文化经典诵读活动的结果

传统的公益活动。因此，在共同的活动过程中，这些组织成员相互感动，提高了社会责任感，认为他们在做非常光荣甚至崇高的事情或事业。他们认为自己有责任加大对经典诵读活动的推广力度，让更多的人从中受益。

二　行为方式的改变

基层社会经典诵读活动组织的成员不仅在思想上发生了变化，在行为方式上也有了改观。鼎佳组织的志愿者老师吕妈妈称：

> 诵读经典以来，我就好像变了个人，以前还看看韩剧什么的，现在都不看了，觉得那太无聊、太可笑了，电视基本不看，要看也是看新闻、纪实、外语频道。平时只要一有空，就拿起书来看，读论语，学英语，看国学著作。逛街时除了去超市买日常用品外，就是逛书店。诵读经典以来，我也对中国传统文化产生了浓厚的兴趣，每次逛书店都买书回来，都是买给儿子的美德、成语故事书，还有一些国学著作和古典文学。我老公也受到了我的感染，我买回来的书他也会看，整个家庭沉浸在读书的气氛中。①

叶老师说，自己是家里的小女儿，从小娇生惯养，再加上有保姆，因此根本就没有做过多少家务。但是参加经典诵读以来，尤其是成为鼎佳班的负责人后，自己的行为就发生了很大变化。她说：

> 自我参加经典诵读以来，特别是成为其中的一个负责人后，我自身发生了好大的变化。我以前行动总是有些懒散，也不喜欢做家务。现在，我做什么事情都非常主动。而且我

---

① 见编号107的访谈记录。

171

现在也很爱做家务。我们家已经不用请保姆,一切家务,包括做饭、做菜、拖地板、洗衣服等,都是由我来做,有时做到很晚才做完,很累,但是觉得很快乐。以前,我对自己的父母和公婆也是很好的,但并没有什么特别的感恩心理,觉得他们为我所做的都是理所当然的;我现在却经常很主动地关心他们,不仅他们,连我都惊讶自己怎么会有这么大的变化。①

许多接受采访的负责人、志愿者老师和热心家长都表示自己在参加经典诵读后,受到了很大的感染,因此改变了自己的一些行为,使自己更加积极、更加自信。

第三节 文化自觉性的提高

文化自觉性日益受到人们的关注。那么,在参与 D 区基层社会经典诵读活动之后,这些基层社会推广主体是否提高了文化自觉性呢?这也是笔者要了解的一个问题。

一 文化自觉性的定义

文化自觉的概念和内涵主要来自费孝通的论述。早在 20 世纪 80 年代末,费孝通在对少数民族地区进行实地调查时,就已经初步形成了文化自觉概念。1992 年在考察曲阜后,他在《孔林片思》(1992 年)中提出:我们需要"新的孔子",需要"新的自觉"。20 世纪 90 年代末,他对文化自觉的内涵、意义等进行了系统的论述。费孝通认为,"文化自觉是指生活在一定文化中的人对其文化有'自知之明',明白它的来历,形成过程,所具有的特色和它发展的趋向,不带任何'文化回归'的意思,不是要'复旧',同时

---

① 见编号 101 的访谈记录。

也不主张'全盘西化'或'全盘他化'。自知之明是为了加强对文化转型的自主能力，取得决定适应新环境、新时代文化选择的自主地位"[1]。根据费孝通这一定义可以看出，文化自觉主要有以下两个特征：一是了解自己传统文化的来龙去脉；二是不主张"复古"，也不主张"全盘西化"，对传统文化及其转型要具有自主能力。

从这两个特征出发，笔者把文化自觉概念发展分成两个维度：一是对传统文化来龙去脉的认知程度；二是对传统文化及其转型的自主能力。笔者根据这两个维度来论述D区基层社会的经典诵读推广组织成员在参加经典诵读活动（至少参加半年以上）后是否提高了自身的文化自觉性。

二　文化自觉性的提高

H市D区基层社会经典诵读机构的内部组织结构主要由组织者、组织成员、家长和受教育者四部分构成。从受教育者这一部分的参与者来看，特别是从儿童来看，诚如蒋庆所承认的，他们至少在较短时间内很难具有文化自觉性[2]。从一般家长来看，笔者所了解到的情况表明，他们大多数只是带孩子前来接受经典教育，自己对经典诵读活动的参与度并不高，也难言具有文化自觉性。因此，笔者的重点就在于分析组织者和组织成员的行动是否具有文化自觉性，根据就是笔者在前面提到的文化自觉性的两个维度。

通过采访，笔者得到了16名[3]基层社会经典诵读活动组织成

---

[1] 费孝通：《反思·对话·文化自觉》，《北京大学学报》1997年第3期。
[2] 蒋庆、卢跃刚：《没有经典教育谁是有文化意义的中国人》，《中国青年报》2004年6月12日，第7版。
[3] 笔者在田野调查中对37名民间经典诵读组织成员进行了深度访谈（见附录一），而在这里只是从中随机抽取了16名组织成员（由于鼎佳组织成员较多，因此笔者从中抽取了10名；华山组织则抽取6名）的访谈资料，此举的目的不在于从16名成员的情况推及全体成员这一个整体，只是为了表明许多成员在参加经典诵读活动前后，文化自觉性发生了变化。

> 经典诵读的社会动员机制

员的文化自觉性情况的资料①。

编号1　叶老师（鼎佳组织）的文化自觉性情况

参加诵读经典活动前，叶老师没有看过任何的儒家经典。第一次听说"经典诵读"这种教育形式时，第一反应就是这是一种"迷信活动"。

参加诵读经典活动后，看到儿子在语文水平和做人方面发生了很大变化，叶老师开始被这种教育形式迷住了。于是她开始了解中国文化经典，日益觉得中国古典文化中有许多"非常好的东西"，就这样，她开始更多地了解中国传统文化的来龙去脉。

不仅如此，她还开始积极行动起来。她先是成为一名热心的义工，接着又成为一名志愿者老师，再成为一名经典诵读班的负责人，而今天她已经成为鼎佳组织的总负责人。叶老师把相当大的精力放在推广经典诵读活动上，她经常听各种有关经典诵读和传统文化的讲座，还经常自费到全国各地的私塾学习经典诵读经验。

叶老师对儒家传统文化给予高度评价，认为向孔子像鞠躬、穿儒服是必要的，但这并不意味着赞成复古，并在推广经典诵读时采取了一定改进后的方式。她担心现今的"西化"现象对孩子产生不良影响，但并不反对接受外来文化，甚至愿意接受天主教堂作为他们的经典诵读点之一。②

编号2　晁博士（鼎佳组织）的文化自觉性情况

参加经典诵读活动前，晁博士对传统文化有所了解，但

---

① 限于篇幅和表格，本书在列举每个受访者的有关资料时采取了浓缩的办法，没有对受访者的所有观点进行陈列（资料来源：2008年9月至2009年6月，笔者在担任经典诵读义工时对经典诵读推广积极参与者进行的访谈）。

② 见编号101的访谈记录。

第六章 当代中华文化经典诵读活动的结果

并不多。他小时候阅读过一些儒家经典，但是他一直攻读理科的学士、硕士和博士学位，因此对经典文化逐渐陌生。

参加经典诵读活动后，他又开始不断地学习和掌握中国传统文化知识。今天，晁博士对中国传统文化的内容及其产生、发展、衰落和复兴等过程的了解高于许多经典诵读班的老师，这种了解也是与他在研究所工作，有大量自由支配的时间且工作不是很繁忙有关的。

晁博士高度认可儒家传统文化，也高度认可现代化，认为这二者并不矛盾，但需要处理好二者间的关系，而我们现在面临的问题是对儒家传统文化关注得太不够了。经典诵读班最初只是"诵读经典"，由于他的到来，增加了"说文解字"（认为这是学习中国文化不可缺少的环节）等内容，因此晁博士弘扬传统文化的自主能力也很强。①

编号3 吴老师（鼎佳组织）的文化自觉性情况

参加经典诵读活动前，吴老师也对传统文化有所了解，但也不多。受家庭影响，她自幼爱好中国传统文化，但是也只是背诵过《三字经》和一些文言文，后来在上大学时学习日语，毕业后进入一家日资公司，这反而使她经常把两国的文化进行比较，从而更深刻地了解中国的传统文化。但是，在参加经典诵读之前，她仅仅是从理论和现实的思想上感受中国传统文化，没有进行过实践活动。

参加经典诵读活动后，她发现有个经典诵读班的志愿者在教儿童诵读经典时，拼音发音不大标准，于是她自告奋勇成为其中的一名志愿者，现在已经成为一个经典诵读班的负责人。

吴老师说，其实她也是在参加经典诵读后，对传统文化

---

① 见编号112的访谈记录。

经典诵读的社会动员机制

的内涵和发展历史才更清楚的。她说,中国有着五千年的文明史,是世界著名的文明古国之一。但是从民国时期开始,中国传统文化受到批判,面临消亡的危险,我们今天诵读经典就是要复兴中国光辉的传统文明。

吴老师高度赞扬儒家文明,认为现代化不等于西化,认可现代化但反对西化,也认为现代化给我们带来许多弊端,需要从儒家传统文化那里吸收营养,改变社会风气。①

编号4 谭老师(鼎佳组织)的文化自觉性情况

参加经典诵读活动前,谭老师对中国传统文化有较多的了解。谭老师是景保希望小学的老师。作为语文老师,她相比其他的志愿者而言对中国传统文化更熟悉。

但是,她也是在参加经典诵读班后,才更深刻地体会到儿童诵读经典具有多么重要的意义,儿童们接受经典教育比学习现在的内容更有益。

由于景保希望小学的老师比较少,因此谭老师要上的课很多,但是这丝毫没有影响她每周六继续在景保经典诵读班做志愿者。

谭老师对儒家传统文化有某种崇敬之情,对现代化带来的社会问题和西化给中国带来的压力感到高度担心,比较强调传统的教化方式。②

编号5 翁奶奶(鼎佳组织)的文化自觉性情况

翁奶奶小时候受过时间比较短的私塾教育,很怀念接受私塾教育时的欢乐时光。今天她能够成为经典诵读中的志愿者之一,心里觉得很高兴。

---

① 见编号102的访谈记录。
② 见编号104的访谈记录。

第六章　当代中华文化经典诵读活动的结果

即使如此，她说她在参加经典诵读班之前，对传统文化的了解还是比较零散的。而参加经典诵读班后，由于与许多志愿者一起讨论《论语》等文化经典，以及经常观看有关经典诵读宣传和传统文化宣传的录像，因此她现在对中国传统文化的了解显然要比以前清楚得多。

翁奶奶对儒释道皆认可，对当今社会的道德沦丧现象表示非常忧虑。翁奶奶现在也是一个周末经典诵读班的负责人，但她一直梦想成立如同自己小时候所上的那样的私塾班。但是她的这种想法并没有实现，即使如此，她仍然在寒暑假期间将周末经典诵读班改成寒暑假私塾，这种方法受到了一部分家长的欢迎。①

编号6　尧奶奶（鼎佳组织）的文化自觉性情况

尧奶奶小时候对私塾现象也有所了解，但并没有上过私塾。她因对孙子教育问题的关注而最后沉迷于推广者推崇的中华文化经典诵读教育思想，她喜欢到处听有关经典诵读的讨论。尧奶奶尽管信仰佛教，但是也非常认可儒家传统文化，认为儒家经典在文化教育、道德教育中具有重要的意义，她认可中国改革开放以来的现代化建设成就，对西化没有多少概念，但认为现在的孩子在道德方面确实需要加强。②

编号7　尹老师（鼎佳组织）的文化自觉性情况

尹老师最初完全不认同经典诵读，自称具有较强的"西化"思想，一心想把女儿送往国外学习。她对女儿寄予太高的期望，但是女儿的表现让她倍感失望，如不爱学习，还经

---

① 见编号105的访谈记录。
② 见编号103的访谈记录。

常"与家长对着干",对家长有很强的逆反心理。在采取各种办法均无效的情况下,尹老师把女儿送到经典诵读班,而女儿参加经典诵读后确实有巨大变化,这让她深受震撼,自己也迷上传统文化,试图了解和探求传统文化的魅力究竟在哪里。她是一家保险公司的职员,一有机会就向客户和熟人宣传经典诵读的好处。①

编号8 甘老师(鼎佳组织)的文化自觉性情况

甘老师参加经典诵读前对中国传统文化基本没有多少了解。虽然现在已经是一名志愿者老师,但她似乎立场并不坚定,仍然对经典教育究竟有多大作用这一问题没有信心,更关注自己孩子能否考上大学,因此她每个星期六带孩子参加经典诵读班(倒是每次都来并做志愿者),星期天又带孩子参加作文培训班。由于其自身对孩子教育的关注,因此她对传统文化的内容和发展过程还是有不少了解的。②

编号9 印老师(鼎佳组织)的文化自觉性情况

印老师的文化程度并不高,从事的是个体户工作。但是,她对自己孩子的教育问题也非常重视。在参加经典诵读后,她自己对传统文化的知识也有了许多了解。她虽然在经典诵读儿童家长会上很少发言,但每次儿童家长会她必参加,也认为儒家思想对孩子的礼仪教育和德育教育非常有效,认可孔子是一个举世闻名的教育家。

印老师高度赞许儒家传统文化,对西化和现代化的排斥感较强,过于强调传统文化的作用。③

---

① 见编号108的访谈记录。
② 见编号110的访谈记录。
③ 见编号111的访谈记录。

第六章 当代中华文化经典诵读活动的结果

编号 10 季老师（鼎佳组织）的文化自觉性情况

季老师在大学期间学习的是英语，毕业后进入一家企业工作。她最初并不了解经典诵读，也不了解中国传统文化。她对自己孩子的教育问题很苦恼，因此试着相信同学的介绍，把孩子带到经典诵读班。孩子参加经典诵读后确实发生了不少变化。于是她决定成为一名志愿者，并且认真地学习《论语》等古典著作，并经常在经典诵读儿童家长会上发言，把自己所了解的传统文化知识与大家一起交流，从而也让自己对传统文化有更多的了解。①

编号 11 张校长（华山组织）的文化自觉性情况

张校长在参加经典诵读前，一直从事证券工作，对传统文化不大了解，且对西方文化更有倾向感。她30岁以后才开始接触传统文化，开始她只是周末时去西州总校学习传统文化，后来干脆放弃自己很有"钱途"的职业，全身心投入弘扬传统文化活动中。现在已经正式成立了华山经典诵读学校和华山国学会馆。

如今她对儒释道相当熟悉，而且能够很好地处理它们之间的关系。她对如何弘扬传统文化非常有主见，虽对现代化和西化有微词，但能够较好地处理各种文化之间的关系。②

编号 12 万博士（华山组织）的文化自觉性情况

万博士，研究艺术哲学。她对传统文化的爱好来自姐夫和姐姐的影响。在读博士期间，她对一些所谓"名人学者"的做法很反感，认为这些人平时说话冠冕堂皇，调子很高，却不愿意践行中国传统文化的内在精神。她认为古人的境界

---

① 见编号106的访谈记录。
② 见编号201的访谈记录。

要远高于今人。

万博士第一次到华山经典诵读学校参观时，就被这里的传统文化气氛给镇住了。博士毕业后的她本来可以进入一所知名高校，但她义无反顾地来到华山学校，开始她的"实践"活动，在"实践"中，她认为自己找到了清静，心灵得到了升华。当然，尽管她对现代化和西化感到"失望"，但还是觉得传统文化是有必要与它们进行对话和交流的。①

编号13 阳大学生（华山组织）的文化自觉性情况

阳大学生是一所大学材料系的学生。参加经典诵读前对中国传统文化了解得也不多。但参加经典诵读后，他开始阅读很多经典文化图书，变得对儒家和道家思想及其历史非常熟悉。阳大学生相当崇尚中国传统文化，对中国各种器物中的文化内涵孜孜以求，甚至沉迷其中。不过他不试图复古，只是希望中国传统文化在世界文化中能有一席之地。②

编号14 龙员工（华山组织）的文化自觉性情况

龙员工，英语专业毕业。其加入华山经典诵读学校是一个偶然的机会。她在进入华山学校前，对传统文化没有多少了解；而进入学校后，由于她常伴校长左右，深受张校长的影响和感染，注重修行，不断深入学习中国传统文化，因此对中国传统文化的思想和历史有了相当程度的了解。③

编号15 王研究生（华山组织）的文化自觉性情况

王研究生修的是古代文学专业，但她觉得这样的学习理论性太强，缺乏实践。因此她经常跑到华山学校做义工，并

---

① 见编号210的访谈记录。
② 见编号215的访谈记录。
③ 见编号203的访谈记录。

第六章　当代中华文化经典诵读活动的结果

乐此不疲。在做义工的过程中,她对传统文化有了很深刻的了解,从而对中国传统文化的来龙去脉更加清楚。

王研究生深信传统文化中有非常好的东西,但并不主张复古,对现代也充满感情。但在活动中,她对传统文化弘扬活动没有太多主见,多喜欢华山经典诵读学校的氛围。①

编号16　章员工(华山组织)的文化自觉性情况

章员工是一名家庭主妇,丈夫做生意,不让她工作。但是她觉得这样过日子并不好,于是她一有空就到经典诵读学校去做义工,最后成为经典诵读学校的一名员工。在进学校前,她对传统文化没有多少概念。进入学校后,她看到许多年轻人从事志愿者工作和传统文化弘扬工作,她觉得这是非常好的事情。于是她也开始在实践中学习弘扬传统文化的做法,并从中受益颇多。由于她经常有机会到各地旅游,因此也经常把旅游中的一些想法与张校长交流,希望更好地弘扬传统文化。②

从以上16名受访组织成员的资料来看,他们最初对传统文化的认知和自主能力起点不同,有的高一些,有的低一些,整体来看大部分起点并不高。但是经过参加和推广经典诵读活动之后,从个人层面来看,他们无一例外地都在文化自觉性上都有了较大程度的提高。

当然,组织成员文化自觉性的提高,不代表所有经典诵读参与者都具备了文化自觉性。首先,相当一部分组织成员已经具有了文化自觉性,而他们是基层社会经典诵读活动的骨干,主导着基层社会经典诵读活动的总体发展;其次,接受经典诵读教育的

---

① 见编号214的访谈记录。
② 见编号205的访谈记录。

儿童至少在将来有了更多向文化自觉方向发展的可能性；最后，那些家长在送儿童参加经典诵读活动的过程中，也对传统文化有了更多的认识，其中一部分人成为义工、志愿者老师甚至积极推动者，这说明家长也具有更多向文化自觉性方向发展的现实性和可能性。因此，笔者认为，当代基层社会经典诵读活动的参与群体已经开始有了部分文化自觉性，而且正朝着更加自觉的方向发展。

三 文化自觉性的成长空间

虽为普通民众，但是这些积极推动经典诵读活动的组织成员在参与经典诵读活动一定时间后，文化自觉性都有了或多或少的提高。他们逐渐了解到中国传统文化的来龙去脉及思想内涵，但是他们没有表现出要"复古"，也不认为"西化"才是出路。组织成员的这些变化表明，基层社会也是文化生产、文化建设的重要场所，而不仅限于国家或学界层面。在一定程度上，基层社会的文化建设也有助于推动社会的建设，从而体现出文化与社会的双重建构①。

在基层社会经典诵读群体文化自觉性提高的过程中，笔者看到，他们的文化自觉性有的来自他们的个人阅读，也有的来自平时的讨论和经典诵读实践活动。但是，经典诵读儿童家长读书讨论会、大学生国学沙龙等也为基层社会经典诵读群体提供了良好的提高文化自觉性的场所，而且笔者认为，这种有组织的群体讨论形式比个人阅读和一般平常的聊天具有更大的文化建设的意义，而且对社会的发展也更有意义。

D区基层社会经典诵读群体的文化自觉性的提高，与家长读书会和沙龙有密切的关系，而家长读书会和沙龙的存在也说明一个自主的活动空间对文化成长来说具有重要意义。但是，笔者似乎

---

① 李向平：《把文化退还民间》，《社会科学报》2008年11月6日，第6版。

第六章　当代中华文化经典诵读活动的结果

对D区基层社会经典诵读活动组织的文化自觉性的成长空间所抱的期望也不宜过于乐观。首先，近六年来，鼎佳组织虽然获得了一个接一个的经典诵读活动场所，但是从另一个角度来看也可以说是在失去一个又一个的经典诵读场所。鼎佳组织先后动员了四个居委会作为他们的经典诵读活动场所，而如今只有一个居委会还在为他们提供经典诵读场所。其次，华山组织拥有自己专用的活动场所，为了发展，华山组织要注意处理好与官方和企业之间的关系，注意和他们保持一种良好的合作关系，同时其活动的自主性也受到官方与市场的影响。"孔子文化周"等官方文化活动要征用他们的资源，而企业也在考虑如何最大限度地利用江登别墅群以实现利润最大化。这些来自官方和企业的活动，并非都是华山组织所乐意接受的，这也在一定程度上说明官方和企业正在或试图挤占或压缩华山组织的文化活动空间，而如果基层社会文化组织的活动空间受到过多的限制，失去其应有的自主性，则其文化自觉性就很难向前发展："首先是要有自己的社会，然后才会有该社会需要的文化。否则，还是一种文化乌托邦，是空洞的努力。"[1]

毕竟，D区基层社会经典诵读活动开展的时间还不长，其最终的结果究竟如何，只能等待继续观察。

---

[1] 李向平：《把文化退还民间》，《社会科学报》2008年11月6日，第6版。

第七章 结论与讨论

第一节 结论

现在回到本书在一开始时提出的问题：直接推动中华文化经典诵读活动在当代基层社会兴起和发展的社会事实是什么？

中华文化经典诵读活动肇始于基层社会，由基层社会人士和基层社会组织发起和推广。至今，中华文化经典诵读活动已经以"国学教育"的形式进入体制内小学（甚至中学和大学），也在官方、学界中有不小的影响。但是，中华文化经典诵读活动并未因此而在基层社会消失，它们仍然在不断兴起，仍然很兴盛，并体现出一种社会文化运动的特点。因此，笔者以资源动员理论对其加以研究。资源动员理论认为，正是运动资源的上升，才导致社会活动的兴起和发展。通过笔者对本书个案的调查研究，可以发现该个案中的基层社会经典诵读活动组织的物质资源、成员资源和话语资源都呈上升的趋势。

一 基层社会的经典诵读推广组织手中可支配的物质资源总量在不断增加

自20世纪90年代尤其是21世纪以来，H市D区国民经济快速发展，加强了D区基层社会经典诵读推广组织的外部支持力量——政府、企业、社团组织等自身的经济实力，从而间接地增加了基层社会经典诵读推广组织开展经典诵读活动所能动员的物质资源总量；D区城乡居民收入和居民储蓄余额的迅速上升，则使

第七章 结论与讨论

D区基层社会经典诵读推广组织的内部成员拥有了更多可支配的资金，并将其捐助到经典诵读活动中。

但是，为具体开展经典诵读这项活动，基层社会经典诵读推广组织必须积极获取该活动所必需的各种物质资源——活动场所、活动资金和活动时间等。于是，D区的两个基层社会经典诵读推广组织——鼎佳组织和华山组织利用熟人关系，采取各种策略，积极动员经典诵读活动所需的场所、资金和时间等资源。

从活动场所来看，近六年来，基层社会经典诵读推广组织先后成功地动员了私人住宅主人、社区居委会、公立小学、希望小学、禅寺、运动中心、阳光中心和敬老中心等个人和组织为他们提供基层社会经典诵读活动的场所，并拥有了一个专用的经典诵读活动场地。群体经典诵读活动场所的顺利获得，再加上这些活动场所具有的实用性、文化性和公益性等特点，为基层社会经典诵读活动提供了充足、适宜的场所。

从活动资金来看，随着经典诵读活动参与人数、经典诵读活动场所数量、开展经典诵读活动的次数、诵读经典的内容等的增加，基层社会经典诵读推广组织开展经典诵读活动的成本在上升，受教育者的经典诵读活动成本也在上升。基层社会经典诵读推广组织通过坚持开展公益性活动和采取家长自助参加活动等做法，努力减缓和消除经典诵读活动成本上升给基层社会经典诵读推广带来的影响。同时，为了提高经典诵读活动的质量，也为了扩大"儒经"活动的影响面，鼎佳组织和华山组织还通过各种渠道提高组织自身的经济实力：一是内部成员（尤其是组织者和组织成员）的个人捐助，出于献身公益活动的精神，他们拿出部分个人资金投入基层社会经典诵读活动；二是向受教育者收取必要的活动成本费，并注意节省开支以产生一定余额；三是动员和接受外部支持者的资助；等等。这样做的结果是：基层社会经典诵读推广组织自身的资金资源总量得以增加，解决了基层社会经典诵读活动的资金问题。

从活动时间来看，开展经典诵读活动需要参与者——主要是推广者和受教育者投入大量的时间，而且主要投入他们的闲暇时间。双休日、八小时工作制、节假日的实行，为推广者提供了更多从事经典诵读推广活动的时间；退休人员更是拥有大量的时间参加经典诵读推广活动。双休日和节假日的实行、近三个月的寒暑假、教育局禁止中小学补课和要求减轻课业负担的政策，也为儿童诵读经典提供了大量的闲暇时间。这两类参与者的闲暇时间段基本一致，使基层社会经典诵读活动具备了时间条件。

因此，基层社会的经典诵读推广组织在积极动员并获得足够的经典诵读活动场所、资金和时间等资源之后，就为经典诵读活动在基层社会的发起和发展奠定了必需的物质基础。

二　基层社会经典诵读推广组织的成员资源实力得到增强

充足的场所、资金、时间等物质资源只是为基层社会经典诵读活动的兴起提供了物质基础。一项群体行动没有相当数量的成员参加是不可能发生的，而成员数量、组织能力、群体凝聚力、动员策略、动员网络和组织结构等构成了成员资源。近几年来，基层社会经典诵读活动组织的成员资源实力得到了增强。

面对众多对经典诵读持疑惑、不解、不屑甚至反对态度的家长和民众，基层社会经典诵读推广组织采取了"示范"、"降压"、"感动"和"体验"等策略积极进行动员，所获效果明显。内部参与者已由2004年7月的6名，上升到2005年的100多名和2006年的300多名，再上升到2007年的700多名、2008年的1500多名。从外部支持者来看，鼎佳组织和华山组织成功动员了多个社区居委会、经典诵读推广团体、佛教人士及其团体、阳光中心、公立小学、希望小学、敬老中心、禅寺、各地的基层社会经典诵读推广组织（经典诵读班、私塾、孔子学校等）、西州传统文化学校、海佳投资集团公司、D区政府及其下属的一些部门等组织和机构，使这些外部支持者成为他们开展活动强有力的外部资助者和同盟军。

第七章 结论与讨论

组织者的组织能力、组织成员的结构性特征、"差序性"的动员网络和适宜的组织结构也增强了成员资源的力量。第一，鼎佳组织总负责人的无私奉献精神，积极为经典诵读活动做大量工作，以及有效的组织活动能力和成员动员能力，有力地推动了鼎佳经典诵读班的发展；而华山组织校长对儒释道思想的深度领悟、能言善辩、良好的人际交往能力以及组织管理能力，推动了华山组织两个机构的迅速发展。第二，组织成员的结构性特征有利于基层社会经典诵读活动的开展。组织成员主要由中青年人和退休人员构成，他们有更多的精力和时间参加和推广经典诵读活动；他们多为企业员工和中青年知识群体，分别致力于经典诵读和弘扬传统文化；他们的学历主要集中为大学学历，这样的学历特征使他们能够关注传统文化而又不为太专业、太学术化的知识所羁限，从而勇于实践和探索；他们主要是家长，这种身份的同质性有助于他们形成认同感、增强凝聚力和采取共同行动。第三，鼎佳组织和华山组织进行成员动员的具体方式虽有所不同，但是他们都采取了通过熟人——亲戚、朋友、同学、同事等关系的方式进行动员，体现了"差序性"的特点。这种"差序性"使成员之间具有密切的人际关系，也有助于形成认同感、增强凝聚力和采取统一行动。第四，鼎佳组织的组织结构比较松散，有利于其成员深入各个社会阶层中动员成员；华山组织的组织结构较为严密，有利于统一指挥，也有利于扩大动员的广度。

由于基层社会经典诵读推广组织成功地发动了大量的参与者和支持者，再加上组织者较强的组织能力、组织成员较高的同质性、动员网络的"差序性"等特点，大大增强了成员资源的实力，为经典诵读活动在基层社会的兴起和发展提供了成员条件。

三 基层社会经典诵读推广组织的话语资源也在日益丰富

物质资源和成员资源等非话语资源在基层社会经典诵读活动

经典诵读的社会动员机制

中固然重要，但是话语因素的作用也不可忽视。适宜的诉求价值话语、获得认同的集体行动框架和被调动的情感，也对基层社会经典诵读活动具有重要的推动作用。

经典诵读组织开展经典诵读活动的背后有一定的诉求——弘扬中国传统文化。近年来，国家领导人在各种场合对中国传统话语的引用、文化名人对传统文化的推崇，都为基层社会的经典诵读推广组织使用传统文化话语提供了有力的支持，增强了其话语的力量。

但是，弘扬传统文化这一诉求自身的抽象性及其一定的政治敏锐性（尤其在地方政府中），并不利于为各类民众所接受。因此，鼎佳组织和华山组织将他们的价值诉求整合成"君子务本""公益活动""振兴民族文化"等集体行动框架，贴近了民众的自身利益，提出了共同目标，联合了各种力量，从而使集体行动成为可能。

为了使动员框架更具有效果，鼎佳组织和华山组织还采用了"造情"话语策略。他们通过话语宣传"制造"教育问题、强化紧迫感等，调动和激发参与者的情绪，从而提高框架动员的效果。

"合法"的价值诉求话语及与其相近的策略性话语，简单实用且有效的多个动员框架，激发参与者情绪的"造情"策略，共同构成了用以动员民众投身到基层社会经典诵读活动中的话语资源。这些话语资源的丰富化为基层社会经典诵读活动提供了思想基础。

总之，由场所、资金、时间等构成的基层社会经典诵读活动的物质资源总量的增加，由成员数量、组织者的组织能力、组织成员的同质性、动员网络和组织结构特点构成的成员资源的增多，由价值诉求、框架和"造情"策略话语等构成的话语资源的丰富化，所有这些共同推动了当代基层社会经典诵读活动的资源总量的增加，为中华文化经典诵读活动在当代基层社会的兴起奠定了物质、成员和框架基础，直接促进了当代基层社会经典诵读活动的兴起和发展。

因此，本书的结论是：当代社会可供基层社会经典诵读推广

第七章　结论与讨论

组织支配的资源总量的增加，直接推动了中华文化经典诵读活动在基层社会的兴起和发展。

第二节　讨论

本书从资源动员理论的研究视角出发，得出了当代社会可供基层社会的经典诵读推广组织支配的资源——物质资源、成员资源和话语资源等总量的增加，直接促进了中华文化经典诵读活动在当代基层社会的兴起和发展的结论。但是，当代中华文化经典诵读活动兴起的原因并非仅仅是经典诵读资源总量这一因素的变化。实际上，中华文化经典诵读活动的兴起是由多种因素共同作用的结果，只是这些因素在促进当代基层社会经典诵读活动中所起的作用及直接影响程度有所不同。因此，笔者需进一步讨论促进当代中华文化经典诵读活动兴起的各种因素及其相互关系。

在这些因素中，社会转型[1]、中国崛起[2]、教育体制弊端[3]、合法性资源开发[4]等已有不少学者论及。但是笔者发现，在本书个

---

[1] 康晓光：《中国归来——当代中国大陆文化民族主义运动研究》，世界科技出版社，2008，第46页。姚海涛：《关于读经的反思》，《管子学刊》2006年第2期。

[2] 康晓光：《中国归来——当代中国大陆文化民族主义运动研究》，世界科技出版社，2008，第46页。

[3] 王财贵：《一场演讲，百年震撼》，北京师范大学演讲稿，2001。江正杰、张怀红：《经典文化教育运动》，大连出版社，2004，第8页。蒋庆、卢跃刚：《没有经典教育谁是有文化意义的中国人》，《中国青年报》2004年6月12日，第6版。曾小英：《继承中国优秀传统文化的教育创举》，《云南师范大学学报》（教育科学版）2000年第3期。黄玉红、刘蕾：《传道授业解惑模式在德育建设中的现代意义——由"读经热"看德育建设》，《吉林省教育学院学报》2008年第2期。韩星：《我看"读经"》，载胡晓明《读经：启蒙或蒙昧》，华东师范大学出版社，2005，第32页。

[4] 李向平、石大建：《儒教重建：合法性资源的动员模式》，载卢国龙《儒教研究·2009年卷》，社会科学文献出版社，2009，第74~84页。

案中，有两个具体的因素值得我们关注，即传统文化的底蕴和政治机会结构。

一 传统文化的底蕴

H市总共有19个区（县），出现经典诵读活动现象的并不仅仅是D区，但是D区的基层社会经典诵读活动之风最盛。为什么是D区，我们在参与田野调查时，发现许多参与者都以自己是D区人而自豪；在开展活动的过程中，他们会经常提起D区著名的文学家、历史学家、中医等。这启发我们去比较D区和其他区县的不同。我们发现，与其他区县相比，D区具有一个非常明显的特点，即D区最具有传统文化底蕴。

D区是久负盛名的历史文化名城，其古风悠远、人文荟萃。D区已有780多年的建置史，有"教化D区"之美誉，孕育出众多名人。D区的佛塔、州桥皆创建于宋代，至今其周围的小桥流水、民居街巷犹有古镇风韵；银杏公园拥有被誉为"活化石"的千年古银杏——该树距今已有1200多年的历史，在H市被称为"古树一号"；建于明代嘉靖年间的古猗园，是江南名园之一；秋霞圃是著名的古典园林，由明代三氏的私家园林及城隍庙合并而成；城内还有为在清兵三屠D区时奋勇抗清而以身殉节的两位志士设立的三处纪念碑；向南镇上有一对东西对峙的仿木结构楼阁式砖塔，已有千年历史，但至今其外观仍挺秀，为国内罕见；D区竹刻被列为国家级非物质文化遗产；建于宋嘉定十二年的孔庙，殿堂门庑，高壮华好，有"吴中第一"的美誉，是H市唯一的孔庙；孔庙东侧的书院乃H市仅存的清代书院建筑；科举博物馆则是目前海内外唯一的科举专题博物馆，拥有大量的文物，充分再现了隋朝开科取士到清末废止的1300年时间的科举制度兴衰史[①]。此外，在

[①] 《H市政府门户网站的"D区概览"》，http://www.jiading.gov.cn/view_2.aspx?cid=7&navindex=0。

H市19个区（县）中，单单D区就出过3名状元（占整个H市的1/4）[①]。

和其他地方一样，D区的传统文化也曾遭受多次批判，但是这种批判并没有使这一传统底蕴在D区中消失。它不仅散落在器物中，也深植于人心。"由孔子创立的这一套文化思想，已无孔不入地渗透在人们的观念、行为、习俗、信仰、思维方式、情感状态……之中，自觉或不自觉地成为人们处理各种事务、关系和生活的指导原则和基本方针，亦即构成了这个民族的某种共同的心理状态和性格特征。值得重视的是，它的思想理论已转化为一种文化心理结构，不管你喜欢或不喜欢，这已经是一种历史和现实的存在。"[②] 如果说李泽厚是通过对民众生活的直观观察得出的结论，那么康晓光则是根据10个样本城市1254个样本的统计资料表明："传统文化依然活着，而且比其他文化更得人心。这就是这场运动（指文化民族主义运动——笔者按）得以兴起的最深厚的基础，也是它得以迅猛发展的最深厚的基础。"[③] 虽然我们没有通过定量资料证明D区传统文化底蕴对D区居民的影响力，但我们在访谈中能够感受到这些受访者常常为他们是D区居民或在D区工作感到自豪，这从一个侧面说明传统文化底蕴对D区经典诵读活动的影响力情况，说明传统文化底蕴也是促进D区基层社会经典诵读活动兴起的因素之一，对D区基层社会经典诵读活动的兴起具有相对直接的影响。

二 政治机会结构

此外，我们还发现D区基层社会经典诵读活动的兴起、发展

---

① 胡兆量、阿尔斯朗、琼达：《中国文化地理概述》，北京大学出版社，2001，第148~150页。
② 李泽厚：《中国古代思想史论》，人民出版社，1985，第34页。
③ 康晓光：《中国归来——当代中国大陆文化民族主义运动研究》，世界科技出版社，2008，第46页。

▎ 经典诵读的社会动员机制 ▎

与扩展进程与 D 区政府对传统文化的态度有较强的契合性，从而促使我们从政治机会结构角度来了解二者之间的关系。

政治机会是指社会活动组织能够通过一定的合法政治渠道影响政体从而实现自己诉求的机会，而政治机会结构则是指在一定时期内的政体能够给予某一运动组织开展活动和追求自身价值目标一定政治机会的相对稳定的外部政治环境①。我们首先来了解 D 区经典诵读活动的政治机会结构的变化，再讨论这一变化对基层社会经典诵读发展过程产生的影响。

1. D 区经典诵读活动的政治机会

我们所获得的资料表明，D 区经典诵读活动的政治机会越来越多。

1949~1977 年，由于大力提倡新文化建设，尤其是"文化大革命"时期大批传统文化，因此 D 区也和全国一样，基层社会经典诵读活动的政治机会几乎为零。

1978~2000 年，改革开放后，政治环境较为宽松，基层社会经典诵读活动开始有一定的政治机会，但 D 区的政治机会仍然有限。

进入 21 世纪以来，基层社会经典诵读活动在 D 区的政治机会不断增加。其中又可以分为以下几个小阶段。

第一个阶段是 2000~2004 年。2001 年，《公民道德建设实施纲要》颁布和实施，明确提出"要继承中华民族几千年形成的传统美德"，提倡"中华民族的传统美德"，提倡发挥道德教育的重要作用；2004 年，经典诵读成为 D 区校本课程。因此，D 区基层社会经典诵读活动的政治机会开始获得新的增长。

第二个阶段是 2005~2007 年。2005 年，H 市政府拨专款七千

---

① Tarrow, Sidney, "National Politics and Collective Action: Recent Theory and Research in Western Europe and the United States," *Annual Review of Sociology* 14（1988）.
〔美〕赵鼎新：《社会与政治运动讲义》，社会科学文献出版社，2006，第 196 页。

万元，对中小学生进行"中国传统文化艺术"教育，D区也从中受益。2006年，D区教育局正式公布《D区中小学实施民族精神教育方案》，并要求用三年时间（2006~2008年）来实施，方案明确规定："2006年2月在全区学校中实施以'扬民族精神，建汽车新城'为主题，以传承民族民间技艺——民舞民韵：民舞、民歌、民乐；D区双宝：黄草编织、竹刻；戏苑百花：京剧、昆剧、锡剧、沪剧、越剧、独脚戏、评书；民间艺园：剪纸、泥塑、陶艺、茶艺；棋苑新秀：围棋、中国象棋；中华瑰宝：书法、国画、诗词吟诵；武林少年：中华武术为主要内容的青少年民族文化培训工程。培训工程规划三年，通过三年形成'生生习技艺，校校有项目，区域有特色'的格局。"因此，2005~2007年，D区的政治机会进一步增加。

第三个阶段是2008年至今。2008年至今，以D区政府一号文件为标志，D区的政治机会结构成为一种更加开放的政治机会类型。D区政府于2008年以1号文件的形式通过了《D区旅游发展总体规划》（2008~2020年），其中特别强调发挥D区孔庙、古猗园、秋霞圃、中国科举博物馆、竹刻、草编等具有国粹意义的传统人文资源优势，并要求近期重点开发州桥老街景区和向南古镇，自2008年起开展首届H市孔子文化活动周（D区政府主办，区旅游局、区文广局、区教育局、区绿化和市容局和D镇街道办事处共同承办）[①]，等等。规划指出："D区旅游资源丰富，传统文化底蕴深厚。……将传统文化的精粹与现代旅游发展方式相结合，将

[①] 2008年的H市孔子文化活动周举办时间为9月29日至10月5日。主办方利用这个契机，邀请著名书法家孙敏开办"故乡行"个人书法艺术展，邀请复旦大学教授钱文忠主讲《中国的孔子与外来的"孔子"》，还在老街举行了群众文艺天天演、"风情小木屋，民俗老街游"传统民间工艺表演及老街荷花灯展等12项活动。2009年的H市孔子文化活动周举办时间为9月22日至28日。其间举行了"百姓戏台天天演""国学养生系列讲座""当代D区竹刻作品展""D区历代文人诗词书法展""庆祝新中国成立60周年——H市群文美术大展"以及"台胞游D区"等13项活动。

传统文化资源与现代生活理念、兴奋点有机组合，将传统的文化内容与现代的表现手法相结合，使 D 镇的老镇新城既饱含文化底蕴，又充满时代魅力。"因此，自 2008 年以来，基层社会经典诵读活动的政治机会仍然在增长。

2. D 区政治机会与基层社会的经典诵读活动

在社会活动研究中，艾辛格（Eisinger）最早用政治机会结构来分析社会活动，认为：当一个城市的民众对当地政府的影响力很大或很小时，抗议活动发生的可能性很小；当影响力处于中等状态时，抗议活动在这一城市发生的可能性大大增加。这是因为，当政治机会过大时，民众无须借助社会活动就可能实现他们的目标；当政治机会过小时，由于发起社会活动的成本太高，出于理性思考，他们也不愿意发起社会活动；只有当政治机会不大不小时，即处于政治机会不太大、发起社会活动成本不太高而又可能实现自己的目标时，人们发起社会活动的可能性才会大大增加[1]。

借助艾辛格的视角，我们发现 D 区的政治机会结构与 D 区基层社会经典诵读活动的兴起和发展有密切关系。

1949~1977 年，由于基层社会经典诵读活动在 D 区的政治机会几乎为零，因此即使有基层社会人士和组织想开展群体的经典诵读活动，也没有什么政治机会，如果要发动，必然要付出太高的成本，而成功的概率几乎为零。

1978~2000 年，D 区基层社会经典诵读活动已经开始有一定的政治机会，但是这个机会仍然较小，即如果要发起经典诵读活动，成本仍然很高、风险仍然很大，成功概率不高。

进入 21 世纪以来，D 区的政治机会不断增加，D 区的基层社会经典诵读活动有了更为宽松的政治环境，从而有利于经典诵读活动在 D 区基层社会的兴起。

---

[1] Peterk Eisinger, "The Conditions of Protest Behavior in American Cities," *In American Political Science Review* 67 (1973): 11–28.

2000~2004年，由于2001年《公民道德建设实施纲要》的颁布和实施，以及2004年经典诵读成为D区校本课程，D区基层社会经典诵读活动的政治机会开始获得新的增长，发起基层社会群体经典诵读活动所要面临的风险已经大大降低，成功概率已经上升。因此，D区基层社会经典诵读活动兴起于2004年虽有一定的偶然性，但又不能完全用偶然性来解释。

2005~2007年，2005年H市政府拨专款开展"中国传统文化艺术"教育，2006年D区教育局正式公布《D区中小学实施民族精神教育方案》，这些使D区的政治机会进一步增加。这使D区基层社会经典诵读活动进一步发展的风险在降低。因此，D区基层社会经典诵读活动在2005~2007年进入发展期，既与基层社会组织的积极推动有关，也与这一时期的政治机会有关。

2008年，D区政府以1号文件的形式通过了《D区旅游发展总体规划》（2008~2020年），已经不再局限于对经典诵读活动的重视，而是对整个传统文化的重视。这样一来，弘扬传统文化的政治机会又增加了。这一政治机会的增多，也使D区基层社会经典诵读从狭义经典诵读向广义经典诵读发展。

根据以上分析，我们发现D区基层社会经典诵读活动的兴起和发展的演变与D区政治机会结构变迁的轨迹有相当的一致性，因此，政治机会结构也是促进D区基层社会经典诵读活动兴起和发展的因素之一，对D区基层社会经典诵读活动的兴起和发展也有相对直接的影响。

三 诸因素共同推动

除了经典诵读资源总量、政治机会结构等因素之外，社会转型、中国崛起、传统文化底蕴、儒家传统复兴[①]、教育体制弊端等

[①] 文化视角中的"文化保守主义""文化民族主义""文化自觉"解释被笼统称为儒家传统文化复兴。

因素也在某种程度上促进了 D 区经典诵读活动的兴起，但这些主要是宏观因素，并不能直接推动基层社会经典诵读活动的兴起。在所有的这些因素中，资源因素是促进当代中华文化经典诵读活动在 D 区基层社会兴起的直接的结构性因素；传统文化底蕴和政治机会结构这两个因素，既相对直接地促进了经典诵读活动的兴起，也在一定程度上有利于经典诵读活动的资源总量的提高，提供话语资源、外部物质资源等，从而间接地促进了经典诵读活动在基层社会的兴起；至于中国崛起、教育体制弊端、儒家传统复兴等因素，则主要提高了经典诵读活动的资源——主要是物质资源、成员资源和话语资源等，从而间接地促进了经典诵读活动在基层社会的兴起。最后要说明的是，社会转型的大背景和中国传统文化自身的生命力，仍然是经典诵读活动在基层社会兴起和发展的根源性因素。

据此，我们得到了一个以"社会转型"和"传统文化生命力"（并有相对直接的影响）为根源性宏观因素，以"政治机会结构"（并有相对直接的影响）、"大国崛起"、"现行教育体制的弊端"和"中华传统文化复兴"为一般性宏观因素，以"基层社会经典诵读资源"为中观因素，共同推动中华文化经典诵读活动在基层社会兴起的模式（见图 7-1）。

总之，本书表明，当代社会可供给中华文化经典诵读组织支配的资源——物质资源、成员资源和框架资源等总量的上升，直接促进了经典诵读活动的兴起和发展。当然，一项群体行动产生的原因远为复杂。因本书篇幅所限，以及前人已经做了其他原因的探讨，因此本书只是对其中的资源因素加以探讨，并较为粗略地讨论了影响中华文化经典诵读活动兴起的诸因素之间的关系。

第七章　结论与讨论

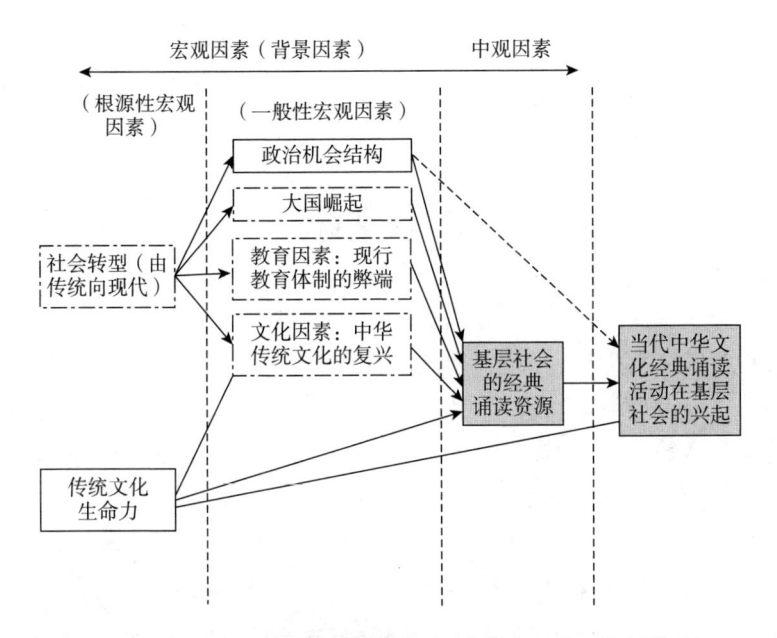

图 7-1　当代中华文化经典诵读活动在基层社会兴起的模式

注：实线框代表相对直接的推动原因，虚线框代表相对间接的推动原因；虚线箭头表示该因素（传统文化生命力和政治机会结构）没有像经典诵读资源因素那样直接地作用于研究对象。

参考文献

〔以〕艾森斯塔特：《反思现代性》，旷新年、王爱松译，三联书店，2006。
〔美〕奥勒姆：《政治社会学导论：对政治实体的社会剖析》，董云虎等译，浙江人民出版社，1989。
〔美〕白诗朗：《普天之下：儒耶对话中的典范转化》，彭国翔译，河北人民出版社，2006。
〔美〕贝尔：《资本主义文化矛盾》，蒲隆等译，三联书店，1989。
〔法〕布尔迪厄：《实践理性：关于行动理论》，谭立德译，三联书店，2007。
蔡尚思：《中国传统思想总批判》，湖南人民出版社，1981。
陈壁生、石勇：《国学热：十年人文热点对话录》，中山大学出版社，2007。
陈来、甘阳：《孔子和当代中国》，三联书店，2008。
陈序经：《文化学概论》，中国人民大学出版社，2005。
〔法〕迪尔凯姆：《社会学方法的准则》，狄玉明译，商务印书馆，1995。
〔美〕杜维明：《人性与自我修养》，胡军、于民雄译，中国和平出版社，1988。
〔美〕杜维明：《儒家传统的现代转化》，中国广播电视出版社，1992。
〔美〕杜维明：《儒教》，陈静译，上海古籍出版社，2008。
方克立：《现代新儒学与中国现代化》，天津人民出版社，1997。
费孝通：《乡土中国　生育制度》，北京大学出版社，1998。

参考文献

干春松:《制度化儒学及其解体》,中国人民大学出版社,2003。

干春松:《制度儒学》,上海人民出版社,2006。

〔美〕亨廷顿:《文明的冲突与世界秩序的重建》,周琪译,新华出版社,1998。

胡晓明:《读经:启蒙或蒙昧——来自民间的声音》,华东师范大学出版社,2005。

〔韩〕黄秉泰:《儒学与现代化——中韩日儒学比较研究》,刘李胜译,社会科学文献出版社,1995。

〔英〕吉登斯:《现代性的后果》,田禾译,译林出版社,2000。

〔日〕吉野耕作:《文化民族主义的社会学——现代日本自我认同意识走向》,刘克申译,商务印书馆,2004。

江正杰、张怀红:《经典文化教育运动》,大连出版社,2004。

蒋庆:《政治儒学:当代儒学的转向、特质与发展》,三联书店,2003。

金耀基:《儒家伦理与经济发展:韦伯学说的重探》,牛津大学出版社,1993。

康晓光:《中国归来——当代中国大陆文化民族主义运动研究》,世界科技出版社,2008。

〔瑞士〕克里西、〔德〕库普曼斯、〔荷〕杜温达克、〔美〕朱格尼:《西欧新社会运动——比较分析》,张峰译,重庆出版社,2006。

李申:《儒学与儒教》,四川人民出版社,2005。

李申:《中国儒教史》,中国人民大学出版社,2006。

李向平:《信仰、革命与权力秩序:中国宗教社会学研究》,上海人民出版社,2006。

李向平:《中国当代宗教的社会学诠释》,上海人民出版社,2006。

李泽厚:《中国古代思想史论》,人民出版社,1985。

〔美〕里泽:《麦当劳梦魇:社会的麦当劳化》,容冰译,中信出版社,2006。

〔美〕列文森:《儒教中国及其现代命运》,郑大华等译,中国社会科学出版社，2000。

林嘉诚：《社会变迁与社会运动》，黎明文化专业公司，1992。

刘绪贻：《中国的儒学统治：既得利益抵制社会变革的典型事例》，叶巍等译，中国人民大学出版社，2006。

〔美〕莫里斯和缪勒：《社会运动理论的前沿领域》，刘能、秦明瑞译，北京大学出版社，2002。

〔美〕南乐山：《在上帝面具的背后：儒道与基督教》，辛岩等译，社会科学文献出版社，1999。

任继愈：《儒教争论集》，宗教文化出版社，2000。

三人：《六十个孔子》，湖南文艺出版社，2006。

宋仲福、赵吉惠：《儒学在现代中国》，中州古籍出版社，1993。

〔美〕塔罗：《运动中的力量》，吴庆宏译，译林出版社，2005。

王家骅：《儒家思想与日本的现代化》，浙江人民出版社，1995。

〔德〕韦伯：《儒教与道教》，洪天富译，江苏人民出版社，1997。

〔美〕杨庆堃：《中国社会中的宗教》，范丽珠等译，上海人民出版社，2007。

杨阳：《文化秩序与政治秩序：儒教中国的政治文化解读》，中国政法大学出版社，2007。

〔日〕依田家：《日中两国现代化比较研究》，卞立强等译，北京大学出版社，1997。

〔美〕余英时：《现代儒学论》，上海人民出版社，1998。

张旅平：《文明的冲突与融合——日本现代化研究》，文津出版社，1993。

〔美〕赵鼎新：《社会与政治运动讲义》，社会科学文献出版社，2006。

钟肇鹏：《孔子研究》，中国社会科学出版社，1983。

Bainbridge, William Sims, *Satan's Power: Ethnography of a Deviant Psychotherapy Cult*, Berkeley: University of California Press, 1978.

Costain, Anne, N. and Andrew, S. McFarland, *Social Movements and American Political Institutions*, Lanham, MD.: Bowman and Littlefield, 1998.

Eisinger, Peterk, "The Conditions of Protest Behavior in American Cities," In *American Political Science Review* 67 (1978): 11 - 28.

Gaede, Stan, "A Causal Model of Belief-Orthodoxy: Proposal and Empirical Test," *Sociological Analysis* 37 (1976): 205 - 217.

Gamson, William, A. and Meyer Daivid, S. , "Framing Political Opportunity," pp. 275 - 290, in *Comparative Perspectives on Social Movements*, edited by Doug McAdam, John D. McCarthy and Mayer N. Zald, New York: Cambridge University Press, 1996.

Goffman, Erving, *Frame Analysis*, New York: Harper & Row, Publishier, 1974.

Kitschelt, Herbert, "Political Opportunity Structures and Political Protest: Anti Nuclear Movements in Four Democracies," *British Journal of Political Science* 16 (1986): 57 - 85.

Kriesi , Hanspeter et al. , *The Politics of New Socail Movements in Western Europe: A Comparative Analysis*, Minneapolis: University of Minnesota Press, 1995.

Kriesi, Hanspeter, "The Organizational Structure of New Social Movements in a Political Context," pp. 152 - 184, in *Comparative Perspectives on Sccial Movements*, edited by Doug McAdam, John D. McCarthy and Mayer N. Zald, Cambridge: Cambridge University Press, 1996.

Lofland, John, *Doomsday Cult*, New Jersey: Prentice-Hall, 1966.

Lofland, John and Rodney Stark, "Becoming a World-Saver: A Theory of Conversion to a Deviant Perspective," *American Sociological Review* 30 (1965): 862 - 875.

Lynch, Frederick R. , " Toward a Theory of Conversion and Commitment to the Occult," *American Bechavioral Scientist* 20 (1977): 887 - 907.

—— "Occult Establishment or Deviant Religion? The Rise and Fall of a Modern Church of Magic," *Journal for the Scientific Study of Religion* 18 (1979): 281 -290.

McAdam, Doug, "Recruitment to High-Risk Activesm: The Case of Freedom Summer," *American Journal of Sociology* 92 (1986): 64 -90.

McCarthy, John, D. and Mayer N. Zald, *Trend of Social Movements in America: Professionalization and Resource Mobilization*, Morristown, N. J. : General Learning Corporation, 1973.

McCarthy, John, D. and Mayer N. Zald, "Resource Mobilizatiion and Social Movements: A Partial Theory," *American Journal of Sociology* 82 (1977): 1212 -1241.

McCarthy, John, D. , M. Wolfson, D. P. Baker and E. Mosakowski, The founding of social movement organizations: Local citizens' groups opposing drunken driving, In: Carroll, G. R. , ed. , *Ecological Models of Organizations*. Cambridge, MA: Ballinger, 1988.

Meyer, David, S. and Sidney Tarrow, *The Social Movement Society: Contentious Politics for a New Century*, Lanham, MD. : Rowman and Littlefield, 1998.

Meyer, David, S. and Suzanne Sraggenborg, "Movements, Countermovements, and the Structure of Political Opportunity," *American Journal of Sociology* 101 (1996): 1628 -1660.

Morris, Aldon, D. and Cedric Herring, "Theory and Research in Social Movements: A Critical Rewiew," in Samuel Long ed. , *Annual Review of Political Behavior*, Vol. 2. Norwood, N. J. : Ablex, 1987.

Oberschall, Anthony, *Social Conflict and Social Movements*, Englewood Cliffs . NJ : Prentice-Hall, 1973.

Olson, Mancur, *The Logic of Collective Action: Public Goods and the Theory of Groups*, Cambridge: Harvard University Press, 1965.

参考文献

Phillips, Derek, "Social Participation and Happiness," *American Journal of Sociology* 72 (1967): 479 – 488.

Richardson, James and Mary Stewart, "Conversion Process Models and the Jesus Movement," *American Behavioral Scientist* 20 (1977): 819 – 838.

Roberts, Bryan, R., "Protestant Groups and Coping with Urban Life in Guatemala City," *American Journal of Sociology* 73 (1968): 753 – 767.

Rucht, Dieter, "Campaigns, Skirmishes and Battles: Anti-Nuclear Movements in the USA, France, and West Geermany," *Industrial Crisis Quarterly* 4 (1990): 193 – 222.

—— "The Impact of National Contexts on Social Movement Structure: A Crossmovement and Cross-national Comparison." pp. 185 – 204, in *Comparative Perspectives on Social Movements*, edited by Doug McAdam, John D. McCarthy and Mayer N., Zald, Cambridge, UK: Cambridge University Press, 1996.

Smelser, Neil, J., *Theory of Collective Behavior*, New York: Free Prss, 1962.

Snow, David, A., E. Burke Rochford Jr., Steven, K. Worden and Robert D. Benford, "Frame Alignment Processes, Micromobilization, and Movement Participation," *American Sociological Review* 51 (1986): 464 – 481.

Tarrow, Sidney, "National Politics and Collective Action: Recent Theory and Research in Western Europe and the United States," *Annual Review of Sociology* 14 (1988).

—— "Mentalitie, Political Cultures and Collective Action Frames: Constructing Meanings Through Action," pp. 174 – 202, in *Frontiers in social Movement Theory*, edited by Aldon D. Morris, and Carol M. Mueller, New Haven: Yale Uinversity Press, 1992.

——*Power in Movement: Social Movements , Collective Action and Politics*, New York: Cambridge University Press, 1994.

——"States and Opportunitives: The political Structuring of Social Movements," pp. 41 – 61, in *Comparatives on Social Movements*, edited by McAdam, Doug , John, D. McCarthy and Mayer, N. Zald, Cambridge, New York: Cambridge University Press, 1996.

——*Power in Movement* (2nd ed.), New York: Cambridge University Press, 1998.

Taylor, Verta, "Watching for Vibers: Bringing Emotions into the Study of Feminist Organizations." in *Women's Movement*, Philadelpia: Temple University Press, 1995, pp. 223 – 233.

Tilly, Charles, 1978, *From Mobilization to Revolution*, New York: Random House.

Zhao, Dingxin, "Ecologies of Social Movements: Student Mobilization During the 1989 Pro-democrcy Movement in Beijing," *American Journal of Sociology* 103 (1998): 1493 – 1529.

附　录

附录一　深度访谈记录编码表

编号	访谈对象	性别	年龄	在组织中的角色	学历	单位类别	访谈时间与地点
101	叶老师	女	37	总负责人	中专	企业	2008-11-09,佳方经典诵读班；2009-05-09,诺顿咖啡馆
102	吴老师	女	39	分负责人	大专	企业	2008-11-09,佳方经典诵读班；2009-05-09,诺顿咖啡馆
103	尧奶奶	女	62	分负责人	高中	退休	2008-12-06,景保经典诵读班
104	谭老师	女	25	分负责人	大专	事业	2008-12-06,景保经典诵读班
105	翁奶奶	女	61	分负责人	高中	退休	2009-05-24,华山经典诵读学校
106	季老师	女	42	分负责人	大专	企业	2008-12-13,英远经典诵读班
107	吕老师	女	29	分负责人	中专	企业	2009-06-06,丰景经典诵读班
108	尹老师	女	36	志愿者老师	高中	企业	2008-12-13,英远经典诵读班

续表

编号	访谈对象	性别	年龄	在组织中的角色	学历	单位类别	访谈时间与地点
109	夏老师	男	40	志愿者老师	本科	机关	2009-05-17，诺顿咖啡馆
110	甘老师	女	31	志愿者老师	大专	企业	2009-05-10，景保经典诵读班
111	印老师	女	41	志愿者老师	初中	个体	2009-06-06，景保经典诵读班
112	晁博士	男	28	志愿者老师	研究生	事业	2009-05-10，景保经典诵读班
113	高奶奶	女	61	志愿者老师	初中	退休	2009-06-27，景保经典诵读班
114	李奶奶	女	63	志愿者老师	初中	退休	2009-04-12，佳敬经典诵读班
115	张老师	女	34	志愿者老师	本科	企业	2009-04-19，佳敬经典诵读班
116	杨老师	男	38	志愿者老师	高中	企业	2009-06-20，景保经典诵读班
117	时奶奶	女	58	义工	高中	退休	2009-06-20，景保经典诵读班
118	钱奶奶	女	57	义工	初中	退休	2009-04-12，佳敬经典诵读班
119	年家长	男	34	义工	大专	企业	2009-05-17，诺顿咖啡馆
120	周家长	男	39	义工	大专	企业	2009-06-27，景保经典诵读班
121	林家长	男	36	义工	中专	个体	2009-06-13，景保经典诵读班
201	张校长	女	40	校长、馆长	本科	企业	2008-09-28，华山经典诵读学校；2008-11-23，华山经典诵读学校；2009-04-26，华山经典诵读学校

续表

编号	访谈对象	性别	年龄	在组织中的角色	学历	单位类别	访谈时间与地点
202	杜老师	女	38	员工、会员	本科	事业	2008-10-11,华山经典诵读学校;2009-04-26,华山经典诵读学校
203	龙员工	女	23	员工、会员	本科	学生	2008-10-17,华山经典诵读学校;2009-04-05,华山经典诵读学校
204	苏员工	男	30	员工、会员	研究生	学生	2008-10-11,华山经典诵读学校;2009-04-05,华山经典诵读学校
205	章员工	女	51	员工、会员	中专	事业	2008-11-08,华山经典诵读学校;2009-05-17,华山经典诵读学校
206	李员工	男	33	员工、会员	大专	企业	2008-11-08,华山经典诵读学校
207	黄老师	男	40	员工、会员	本科	事业	2008-10-17,华山经典诵读学校
208	伊老师	男	52	员工、会员	大专	事业	2008-10-26,华山经典诵读学校;2009-04-12,华山经典诵读学校
209	颜老师	男	56	员工、会员	大专	事业	2009-05-24,华山经典诵读学校
210	万博士	女	29	员工、会员	研究生	学生	2008-10-12,华山经典诵读学校;2009-04-12,华山经典诵读学校
211	申研究生	女	26	员工、会员	研究生	学生	2008-10-19,华山经典诵读学校;2009-06-07,华山经典诵读学校

续表

编号	访谈对象	性别	年龄	在组织中的角色	学历	单位类别	访谈时间与地点
212	阳教授	男	62	义工、会员	大专	退休	2008-10-18，华山经典诵读学校
213	朱博士	男	34	义工、非正式会员	研究生	学生	2008-10-19，华山经典诵读学校
214	王研究生	女	23	义工、非正式会员	研究生	学生	2008-10-26，华山经典诵读学校；2009-04-19，华山经典诵读学校
215	阳大学生	男	22	义工、非正式会员	本科	学生	2008-11-15，华山经典诵读学校；2009-04-19，华山经典诵读学校
216	宫大学生	男	20	义工、非正式会员	大专	学生	2008-10-18，华山经典诵读学校；2009-06-07，华山经典诵读学校

注：

1. "1××"编号是指鼎佳组织成员，"2××"编号是指华山组织成员。

2. 关于职业类别：在鼎佳组织中，指成员的现职业类别；在华山组织中，员工的职业类别是他们进入学校前的主要职业类别，义工（基本上是非正式会员）的职业类别是指现在的职业类别。

附录二　访谈提纲

（一）个人基本情况

性别、年龄、职业、学历、婚姻状况等。

（二）家庭基本情况

1. 家庭主要成员

2. 家庭主要成员对经典诵读的态度

3. 家庭主要成员对您参加经典诵读活动的态度、是否引发家庭矛盾

4. 配偶职业、学历

5. 孩子性别、年龄、开始诵读经典时间、总共诵读经典时间

（三）个人参与经典诵读活动情况

1. 您在经典诵读活动中的角色（组织者/志愿者老师/员工/义工）

2. 您参加经典诵读活动的原因

3. 您参加经典诵读活动的过程：开始时间、参加过程在认识和行动上是否有过变化

4. 参加经典诵读活动的情况和频率

5. 您进行资源动员的情况如何

（1）您是否参加了经典诵读场所的动员？如果参加，您是如何进行动员的？在动员过程中遇到什么问题？您采取了哪些策略解决这些问题？

（2）您是否参加了经典诵读资金的动员？如果参加，您是如何进行动员的？在动员过程中遇到什么问题？您采取了哪些策略解决这些问题？

（3）您是否参加了经典诵读宣传的动员？如果参加，您是如何进行动员的？在动员过程中遇到什么问题？您采取了哪些策略解决这些问题？

6. 您进行成员动员的情况如何

（1）您共动员了多少人和什么人参加经典诵读活动？

（2）在动员过程中遇到什么困难，您采取什么策略解决这些困难？

7. 您进行框架动员的情况如何

（1）您采用什么样的话语宣传来动员别人参与经典诵读？

（2）您在宣传中，针对不同的人是否选择不同的话语，这些话语包括哪些？为什么选择不同的话语？

（3）在话语宣传过程中遇到什么困难，您采取什么策略解决这些困难？

(四) 参与经典诵读效果

1. 孩子参加经典诵读前后变化：（1）学习成绩上的变化；（2）待人接物上的变化

2. 您参加经典诵读前后变化

（1）教育方式上的变化；（2）人生态度和思想境界上的变化；（3）待人接物和与家人关系上的变化

(五) 经典诵读产生的效应

1. 熟人（亲戚/同事/朋友等）、社区、政府等对经典诵读的态度和反应

2. 主要有哪些外部支持力量

3. 主要有哪些影响经典诵读发展的因素

附录三 基层社会经典诵读的课程设置

（一）鼎佳经典诵读班课程设置

2007 年

序号	班级名称	地点	上课时间	内容
1	明悦经典诵读班（公益性教学）	明悦社区居委会	周日上午 8：30～10：50	《论语》；德育教育
2	佳福经典诵读班（公益性教学）	佳福社区居委会	周六上午 8：00～下午 5：00（9月8日起）	《论语》《仲夏夜之梦》；德育教育
3	佳丰经典诵读班（公益性教学）	佳丰社区居委会	周六上午 8：00～10：00（9月8日起）	《千字文》；儿童礼仪等
4	晁望爱心学校（公益性教学）	晁望寺	周六下午 1：30～4：00	《论语》；德育教育
5	英远经典诵读班（公益性教学）	英远小学	周六下午 1：30～3：30 周日上午 1：00～4：00；	《老子》《幼学琼林》《弟子规》；德育教育

2008 年

序号	班级名称	地点	招生对象	上课时间	备注
1	丰景经典诵读班	丰景社区居委会	学龄前及新生	每周日上午 8：00～11：00	《论语》
2	景保经典诵读小班	景保希望小学	夏令营已读过《论语》，学龄前及一年级学生	每周六全天 8：00～16：30	《论语》每月费用80元
3	景保经典诵读中班	景保希望小学	景保小学本校学生	每周六全天 8：00～16：30	《论语》每月费用40元
4	景保经典诵读大班	景保希望小学	夏令营读过《易经》《论语》等。已具备自读能力的一年级以上学生	每周六全天 8：00～16：30	《易经》《论语》每月费用80元
5	佳敬经典诵读班	佳敬阳光之家	学龄前儿童	每周日上午 8：00～10：30	《朱子治家格言》《孝经》
6	英远经典诵读班	英远运动中心	原经典诵读班学生及新生	每周六下午 1：00～3：00	《老子》
7	乐林经典诵读班	乐林敬老中心	夏令营已读过《论语》，学龄前及一年级学生	每周六全天 8：00～16：30	《易经》每月费用80元

（二）华山经典诵读学校课程设置

1. 周末班课程设置

时间	周六班	周日班
8：30～9：00	经典导读	经典导读
9：10～10：00	汉语与说文解字	汉语与说文解字
10：20～11：10	书法	书法
11：30～14：00	午餐及午休	午餐及午休
14：00～16：00	太极与民俗文化	太极与民俗文化
16：10～17：00	周末作业	周末作业

经典诵读的社会动员机制

2. 暑期班课程设置

时间	星期一	星期二	星期三	星期四	星期五
6:15~6:35	晨起				
6:45~7:15	晨练				
7:25~7:50	早餐				
8:00~8:30	经典导读	经典导读	经典导读	经典导读	经典导读
8:45~9:30	古汉语	古汉语	古汉语	古汉语	古汉语
9:45~10:30	古汉语	古汉语	古汉语	古汉语	古汉语
10:45~11:45	古琴	茶道	传统手工	写作	传统手工
12:00~14:30	午餐、午休				
15:00~15:45	传统手工	舞蹈	古琴	茶道	音乐
16:00~16:45	书法	少林武术（男）女红（女）	书法	舞蹈	少林武术（男）女红（女）
17:00~17:45	书法	少林武术（男）女红（女）	书法	舞蹈	少林武术（男）女红（女）
18:00~19:00	晚餐				
19:15~19:45	暑假作业				
20:00~20:45	晚间活动课				
21:00~21:20	洗漱				
21:30	熄灯休息				

后 记

本书是在我的博士论文《"儒经"诵读思潮在民间社会的兴起及其动员机制》的基础上修订而成的。

本书的完成，首先要感谢我的博士生导师李向平教授。李老师根据我的实际情况，建议我对中国传统文化复兴现象进行研究，并启发我关注现实社会中当代基层社会的中华文化经典诵读现象。于是我开始到多个地方的私塾、经典诵读班、孔子学校进行实地考察，逐渐找到了我的研究方向。李老师还在资料和研究方法指导上对我提供了极大的帮助。李老师严谨的治学态度，对信仰、文化和社会问题的关心和关怀，以及对学术的热爱，增强了我对学术研究的热爱和兴趣。

在写作过程中，我有幸得到上海大学社会学学院的李友梅教授、沈关宝教授、张文宏教授、仇立平教授、巫达教授、张江华教授、张敦福教授、顾骏教授等的指导，在此一并致谢。

我还要感谢所有田野地的受访者。这些受访者包括鼎佳经典诵读组织和华山组织的负责人、员工、志愿者老师、义工、家长等。在参与基层社会经典诵读活动的过程中，我与他们建立了深厚的友谊，感谢他们对我的研究的支持。

最后，感谢书稿评审专家和出版社编辑的辛勤付出！

石大建
2018 年 10 月

图书在版编目(CIP)数据

经典诵读的社会动员机制/石大建著. -- 北京:
社会科学文献出版社,2019.7
ISBN 978-7-5201-4468-1

Ⅰ.①经… Ⅱ.①石… Ⅲ.①中华文化 - 普及读物
Ⅳ.①K203-49

中国版本图书馆 CIP 数据核字(2019)第 047466 号

经典诵读的社会动员机制

著　者／石大建

出 版 人／谢寿光
责任编辑／谢蕊芬
文稿编辑／朱子晔

出　版／社会科学文献出版社·群学出版分社 (010) 59366453
　　　　地址:北京市北三环中路甲 29 号院华龙大厦 邮编:100029
　　　　网址:www.ssap.com.cn

发　行／市场营销中心 (010) 59367081　59367083
印　装／三河市尚艺印装有限公司

规　格／开　本:787mm × 1092mm　1/16
　　　　印　张:14　字　数:188 千字
版　次／2019 年 7 月第 1 版　2019 年 7 月第 1 次印刷
书　号／ISBN 978-7-5201-4468-1
定　价／69.00 元

本书如有印装质量问题,请与读者服务中心 (010-59367028) 联系

▲ 版权所有 翻印必究